财

聚焦金融教育
股市及邮市文化市场动态

富

启 示 录

杨小舟 著

中国书籍出版社
China Book Press

图书在版编目（CIP）数据

财富启示录/杨小舟著 . —北京：中国书籍出版
社，2019.8
ISBN 978 - 7 - 5068 - 7394 - 9

Ⅰ.①财⋯　Ⅱ.①杨⋯　Ⅲ.①经济学—通俗读物
Ⅳ.①F0 - 49

中国版本图书馆 CIP 数据核字（2019）第 164903 号

财富启示录

杨小舟　著

责任编辑	李　新	
责任印制	孙马飞　马　芝	
封面设计	中联华文	
出版发行	中国书籍出版社	
地　　址	北京市丰台区三路居路 97 号（邮编：100073）	
电　　话	（010）52257143（总编室）　　（010）52257140（发行部）	
电子邮箱	eo@ chinabp. com. cn	
经　　销	全国新华书店	
印　　刷	三河市华东印刷有限公司	
开　　本	710 毫米 × 1000 毫米　1/16	
字　　数	176 千字	
印　　张	16. 5	
版　　次	2020 年 1 月第 1 版　2020 年 1 月第 1 次印刷	
书　　号	ISBN 978 - 7 - 5068 - 7394 - 9	
定　　价	58. 00 元	

师生初心情

40 多年师生情！——2016 年春,于济南芙蓉街

于 1965 年,当时我三岁,前排男孩儿是我,父亲抱着我。

20 多年前，儿子杨睿前排奶奶抱着

奋斗是我的大学梦

不忘初心,方得始终

大学是人生奋斗的沧海桑田

目 录
CONTENTS

启示 2

科技创新活力强劲

酝酿 10 年有余的创业板呼之欲出，广大股民更是期盼已久。其魅力究竟何在？笔者认为，可从以下两个方面简单分析：一是从融资和投资角度分析。创业板，无疑会给上市公司带来"令人惊奇的"资金收益，为该企业今后发展，雪中送炭，促使其再铸辉煌！；二是从创业板"短小精悍"特色分析。目标是搞活市场，激发"中小企业"活力。30 多年来，国有大型企业有了飞速发展，而中小企业，尤其民营中小企业，发展后劲不足，"资金掣肘"现象突出。再者，大型企业的存在，如果没有中型、小型企业参照，就会造成"大者，无以为大；小者，无以为小！"的无以比较的盲目境地。大、中、小，三类企业同时存在，国有、私有、合资等各类企业，应有尽有。百花齐放、争奇斗艳！中央企业、大型企业等，掌控大局，局部异彩纷呈，各得其乐！所以，前期的主板出现急跌现象，正是想慢下脚步，拉拔提携创业板"小弟"一把！目的是，主板、创业板、欧股、美股、周边股，世界经济、中国经济，一起走出谷底，一荣俱荣，乃万众一心！创业板出世，正值难得的国际国内经济迎来下一个繁荣周期之初始阶段的历史机遇！创业板，将风光无限！创业板的明天，将更加旖旎神奇！让我们拭目以待，让我们惊喜参与！创业板运营，恰逢时运！世界经济向上运行！中国经济向上整体运行！主板主动回调整固、以利向上强劲拉动！中国正面临各方参与者的多赢之境，而且，中国经济会借力打力，必将迎得大赢！祝创业板应运而生！为我国中小企业融资、为广大中小业主插上腾飞的翅膀，共创中华民族伟大复兴的宏图大业！

创业板即将上市交易！广大股民翘首企盼。创业板，是活跃市场的一支新生力量！其资金保有量之比例无法与主板"同日而语"！所以，当今世界，虚拟和实体两大经济领域触底向上趋势日渐凸显，"大潮来时无小流"！而"千万小溪汇潮流"！"大河无水，小河干！"。小流，必然借大潮之势，方显不同凡响！主板、创业板、科创板，生命轨迹，应该是"一荣俱荣！共同繁荣!"，而且，创业板和科创板，必然凭借主板持续发展之大势，高潮叠起。两市，均"不差钱"！只要中国经济基本面一直稳定、持续向好，大方向会出现"阶段性惯性向上"的催人向上的走势！主板、创业板或科创板，资金"双赢"对决！两者不会出现"一赢一输"局面，更不会出现"双输"局面。因为，中国经济基本面，刚刚走出"雪山草地、激流险滩"，实体经济将"如日中天"，风光无限。每一次回调、整固，都是为了向前、再向前！直到"中华崛起"引起世人关注的那一天！到那时，我们兴许才能停下片刻脚步，与世界民众一起欢呼世界文明之新篇的开启！创业板、主板，正扬帆远航！创业板出世，是给祖国60大寿最大礼赞！中华民族伟大复兴，是14亿华夏儿女之诉求和愿景！大、中、小亿万企业，百舸竞发，同创大业！美好远景依稀可见，一荣俱荣、共同繁荣、双赢、多赢，共同笑傲谱写中华民族伟大复兴之壮丽画卷！2015年7月，股市场内场外高杠杆风险凸显，大盘见顶5178点后，快速下杀，2019年1月4日，大盘探底2440.91后，开始稳步攀升。时钟来到2019年阳春三月，股票市场喜迎科创板和注册制双轮驱动，管理层为金融系统减税降费，提质增效，倡导金融强，则经济强，经济强，则国家强。今年又是祖国母亲70周年华诞，本人坚信，新一轮经济繁荣周期正在孕育中。

我们正在大踏步地兴建中国特色的社会主义经济大厦，但我们的思想深处无时不在营造、并始终不忘初心呵护着精神文明大厦的建设。我们不仅要建设一个经济强大的国家，更要缔造一个文明、和谐、儒雅、谦和的礼仪之邦、友善之邦、文化之邦！经济大厦之建设不容易，精神文明大厦之建设更不容易！我们要物质财富，我们更要精神财富，世界人民要物质财富，世界人民更需要精神财富！东方风来满眼春！今天的中国精神文明，就是明天的世界精神文明！中国人民拥有5000年悠悠华夏之文明，携当今经济建设之最强音，中国发展模式，必将成为世界各国物质文明，特别是世界精神文明建设可资借鉴的详实样板。中国的精神文明建设，亦必将成为世界人民的宝贵精神财富！

启示与感悟：

大国崛起，倡导天下为公，和谐共荣。改革开放已走过40多年历程。经济建设，既要稳定大局，紧抓国企和央企大型企业，特别是国企央企上市公司，更要放活民营私有企业公司上市，抓大放小，是主流，这是经济建设的需要，更是政治建设的需要。犹如一个大家庭，兄弟姊妹都要共同繁荣，大盘蓝筹股是"大哥哥"，的确表现风流潇洒、稳健厚重！创业板是"小弟弟"，也要倍加呵护备至、照顾有加！特别是在创业板中那些具有自主创新领先优势的科技型上市公司，国家更应该大力呵护，倍加爱惜，并且在兼并重组的体制改革中走出创新之路。足够稳健和足够活跃牵手，彼此受惠，相得益彰，共建共享繁荣经济。每个上市公司，都要荜露蓝蒌，披荆斩棘，苦练内功，在国家稳定繁荣的大环境下，经营好自己的小家。各类企业要有家国情怀之厚重品质，财富路上，不论是央企、民企，或是大企、小企，国是千万家，家是最小国。财富路上，一个不能少。我们坚信，科创板和注册制双轮驱动，必将给股市注入强大活力，坚信，中国股市明天会更好。2019 年科创板的推出，给创业板板块增添了新时代特色，我们坚信，金融市场和实体经济两手抓，两手都要硬，金融强，则经济强，经济强，则国家强。科技引领正当时，科技创新活力强劲，创新创业健步走进新时代。

启示 3

买股票就是爱国爱民爱己

我为中国的今天叫好！今天，2009 年 9 月 27 日，首批 10 家创业板上市企业登台亮相，再次证明中国决策高层之睿智和英明！在中央政府完全掌控全国经济命脉大局之际，搞活中小企业运营机制、尤其在国际国内广泛融资、全球营销理念支持下的民营经济，必将更加灵动、活跃，亦将更加富有创新之动能！此举必将迎来一个中小企业之大发展，特别是将助推民营企业之大发展！在真正实践意义上、政治思想上解放了大、中、小三级企业的自立、自强、自主决策的市场营销理念！相信，创业板，必将吊足投资者的胃口，也必将给智慧型弄潮儿、逐浪者带来丰厚回报，同时，也必将会给那些盲目追随者、愚钝人儿带来深刻教训！中国国情历来如此，稳定有余，而活力不足！数量有余，而质量不足！在稳定的基础上，是该搞活经济、激活市场了！商场，如战场，实力也、运筹也、智慧也！有备而来，方能出奇制胜！祝你好运啊！祝我们都能尽快练就一身成功投资理财的真功夫！

四季无常位，五行无常胜。股市无常胜！其实，万事无常胜！只因生命有限、智慧有限、万事新旧更迭，推陈出新，乃万事万物生存之法则。世上没有最好！只有更好！说最好，只是在"相对比较的局限下"自我安慰之娱！我们做人做事，最好只求"不断地更好、进一步更好！"。切记贪得无厌！但如果确信已踏准节拍，理应设法去收获那预期收益的"更好和进一步更好！"，如此，方能取得"更好"收益！所谓"贪婪有度"，要有智慧"保驾护航！"此中道理十分重要，有必要"进一步更好"地说道说道！首先，如何看准"峰谷周期"的谷底底部区域？要从大环境到小环境来看，要看该行业、该部门的国际、国内两个层面的基本面、对其深入剖析！要多"做功课"，勤"做作业"，多研究该企业的昨天、今天、明天的战略走势！消息面的各类信息，不得不信，但也不必全信！"信"与"不信"，均应有相应的应对"预案"！一旦明确底部区域已来临时，可果断进入，但资金不可一次性全部投入，因为，我们要谦虚一些，再"保守"一点，相信，在此价位不会"马上一飞冲母亲七十周年华诞，本人坚信，新一轮经济繁荣周期正在孕育中。

我们正在大踏步地兴建中国特色的社会主义经济大厦，但我们的思想深处无时不在营造、并始终不忘初心呵护着精神文明大厦的建设。我们不仅要建设一个经济强大的国家，更要缔造一个文明、和谐、儒雅、谦和的礼仪之邦、友善之邦、文化之邦！经济大厦之建设不容易，精神文明大厦之建设更不容易！我们要物质财富，我们更要精神财富，世界人民要物质财富，世界人民更需要精神财富！东方风来满眼春！中国拥有5000年悠悠文明，携当今经济建设之最强音，中国发展模式，必将成为世界各国物质文明，特别是世界精神文明建设可资借鉴的翔实样板。中国的精神文明建设，亦必将成为世界人民的宝贵精神财富！

启示与感悟：

大国崛起，倡导天下为公，和谐共荣。改革开放已走过四十多年历程。经济建设，既要稳定大局，紧抓国企和央企大型企业，特别是国企央企上市公司，更要放活民营私有企业公司上市，抓大放小，是主流，这是经济建设的需要，更是政治建设的需要。犹如一个大家庭，兄弟姊妹都要共同繁荣，大盘蓝筹股是"大哥哥"，的确表现风流潇洒、稳健厚重！创业板是"小弟弟"，也要呵护备至、照顾有加！特别是在创业板中那些具有自主创新领先优势的科技型上市公司，国家更应该大力呵护，倍加爱惜，并且在兼并重组的体制改革中走出创新之路。足够稳健和足够活跃牵手，彼此受惠，相得益彰，共建共享繁荣经济。每个上市公司都要筚路蓝缕，披荆斩棘，苦练内功，在国家稳定繁荣的大环境下，经营好自己的小家。各类企业要有家国情怀之厚重品质，财富路上，不论是央企、民企，或是大企、小企，国是千万家，家是最小国。财富路上，一个不能少。我们坚信，科创板和注册制双轮驱动，必将给股市注入强大活力，坚信，中国股市明天会更好。2019 年，科创板的推出，给创业板板块增添了新时代特色，我们坚信，金融市场和实体经济两手抓，两手都要硬，金融强，则经济强，经济强，则国家强。科技引领正当时，科技创新活力强劲，创新创业健步走进新时代。

启示 2

买股票就是爱国爱民爱己

我为中国的今天叫好！今天，2009 年 9 月 27 日，首批 10 家创业板上市企业登台亮相，再次证明中国决策高层之睿智和英明！在中央政府完全掌控全国经济命脉大局之际，搞活中小企业运营机制，尤其在国际国内广泛融资、全球营销理念支持下的民营经济，必将更加灵动、活跃，亦将更加富有创新之动能！此举必将迎来一个中小企业之大发展，特别是将助推民营企业之大发展！在真正实践意义上、政治思想上解放了大、中、小三级企业的自立、自强、自主决策的市场营销理念！相信，创业板，必将吊足投资者的胃口，也必将给智慧型弄潮儿、逐浪者带来丰厚回报，同时，也必将会给那些盲目追随者带来深刻教训！商场，如战场，实力也、运筹也、智慧也！有备而来，方能出奇制胜！祝你好运啊！祝我们都能尽快练就一身成功投资理财的真功夫！

四季无常位，五行无常胜。股市无常胜！其实，万事无常胜！只因生命有限、智慧有限、万事新旧更迭，推陈出新，乃万事万物生存之法则。世上没有最好！只有更好！说最好，只是在"相对比较的局限下"自我安慰之娱！我们做人做事，最好只求"不断地更好、进一步更好！"切记不要贪得无厌！但如果确信已踏准节拍，理应设法去收获那预期收益的"更好和进一步更好！"如此，方能取得"更好"收益！所谓"贪婪有度"，要有智慧"保驾护航"！此中道理十分重要，有必要"进一步更好"地说道说道！首先，如何看准"峰谷周期"的谷底底部区域？要从大环境到小环境来看，要看该行业、该部门的国际、国内两个层面的基本面、对其深入剖析！要多"做功课"，勤"做作业"，多研究该企业的昨天、今天、明天的战略走势！消息面的各类信息，不得不信，但也不必全信！"信"与"不信"，均应有相应的应对"预案"！一旦明确底部区域已来临时，可果断进入，但资金不可一次性全部投入，因为，我们要谦虚一些，再"保守"一点，相信，在此价位不会"马上一飞冲天"！所以，在密切关注消息面的基础上，确信是在营造一个"向上走势"！一旦再次出现低于你前期投资成本之时，应视为"机会再现"，应果断增仓，越低越增加投资规模！但一般好事坏事"事不过三"！分三批进入，方显"更好、进一步更好"之理念！钱，是赚不完的！钱，亦是赚不够的！我们只要做到比照自己，"一天比一天好、更好"就好。相信，明天，就会景色"更加"分外妖娆！基本面，有"长期基本面""中期基本面"和"短期基本面"，而长、中、短，其相互支持、相互牵连！投资者，性格不一，投资手法也不一。采用中、长结合的"波段"操作，更适合人性的"历练智慧、经受诱惑、韬光养晦、志在必得"的长远抉择！资本买进投入如此，资本卖出收获亦如此！咬定青山不放松，任尔东西南北风！此乃大势，必须千方百计搞清楚！

股海人生。股市恰是历练人生的演兵场。时间来到 2009 年 10 月之际。自 2007 年 7 月，6124 高点以来，大盘迎来盘整夯实基础的发展阶段。但是越是市道疲软、活力不足之际，恰恰是秣马厉兵、苦练内功之时。梅花香自苦寒来，彩虹在风雨后。国家发展，需要大家聚力，百姓福祉，需要国家富强给力，企业发展壮大，需要国家呵护和百姓的参与。买股票，就是爱国爱民爱己。各路"热钱财神"，你要"善运筹、多思索"！企业存款、民间游资以及居民储蓄的快速进出，形成了数量甚巨的"中国热钱"。这些"中国热钱"，时常以天量信贷的方式释放到市场上，然后又总会以货币从紧的极端方式收回，以致股市暴涨暴跌。"由于这类资金不能阳光化、合法化，囿于监管政策的风吹草动，它们快进快出，来得凶猛撤得也快。"有专家如是说。

一般情况下，当这些"中国热钱"获得了理想的收益，或者当短期机会消失时，或者政策变化时，它们就会迅速流走，快进快出的结果就是资产价格暴涨暴跌。

以浙江游资为主的热钱，代表了资金从实体经济中溢出成为热钱的典型样本，当新的实业投资机会难以满足资本的投资需求时，热钱以炒房团、涨停板敢死队，甚至私募股权基金的面目出现在市场中，它们所到之处，无不使价格产生巨大波幅。

相比储蓄搬家的热钱，民间游资、企业存款投机股市的热钱动作更大，受到市场外因素的影响也更为剧烈。今年上半年 A 股市场一路飙升，企业热钱收益颇丰，一方面是见好就收落袋为安，更为重要的原因是对监管层严查信贷资金用途的担忧。而正是这些企业热钱大举撤退导致了近期股市的向下调整。

所以，监管部门，应审慎运用"资本特性"，善待"热钱个性"。如果给"资本人性化"画像，可以这样说，我的主人，我是你的资本，你要善待我，要用智慧和勤奋使用我，按市场规律运营、管理我。如果你"愚昧、冲动、恶意"等肆意妄为，我会让你"一败涂地""毫厘不予"！望你要"善运筹、多思索"，逐步积累"智慧硕果"，那是我回报主人的最高"荣耀与收获"！

购买股票，信心最重要，信心重于黄金。而信心又来自科学分析研究。思想走在大势初现时。中国发展势不可挡，中国 A 股将长驱直入！动因是中国文化在世界人民心中美妙绝伦！人民币的影响力还会深入人心，中央政府强力掌控其升值力度，正是中国政治力量在中国文化深层次领域的特色运营！不是不升，而是还未到火候，升值过猛，只怕伤害到世界人民的身体和心情，更怕伤及自己还未足以强壮到万事顺遂的新生躯体！在内心深处我看到，中国 A 股会是进二退一的长驱直入。也许两年，或三年，衡量标准是，让世界民众深知，中国文化之美！中国影响之大！中国经济之强！在世界人民为中国崛起欢呼之际，中央政府用智慧汇聚各类虚拟经济体及实体经济体自我调整、以修正前进道路上的缺憾！其实，"奥运会"的闪亮登场，已经奏响了中华民族伟大复兴的序曲！那不仅仅是体育，本质上是中国文化的一个载体！反映的经济，是实力。我们更期待世界人民，慢慢欣赏、细细品味，那中国文化的深厚底蕴！庞大的实体经济的存在，必将需要庞大的虚拟经济的支持和文化的引领，创新发展的路上免不了遭遇激流险滩、迂回曲直！善理财者，整个世界都是你的财富！因为，你在用智慧和微笑面对世界，你把世界视为你的财富，整个世界也就属于你的了！你向世界微笑，整个世界就会拥抱你！用鲜花和掌声祝福你！从此，你不再恐惧"黑暗"和"磨难"，"贫穷和挫折"，都成为你向上奋进的无穷力量！信心，尤其是预期的信心，所向无敌！智慧，尤其是你预期的智慧，满眼都是风光旖旎！你会看到，一个泱泱大国，历经磨难，日渐崛起！我们深情地凝望未来，亿万华夏儿女，在钟情笑对整个世界，正在精心打造温馨、和谐的美丽家园！

　　投资者应坚信，中国"金融三系"，总是在适当时，智慧出击！银行、证券和保险三大系列集团企业，家底盈实，资本庞大，在当前全球金融"维艰"之际，乃任何国家金融无以匹敌！如此三大"利器"何时"亮剑"？我们期待着！那将是气势恢宏、震惊世界的中华之剑！我们由此欣慰，我们信心百倍。中国"金融三系"合力出击！所向披靡，直到中国在世界之林骄傲地崛起！面对国际国内金融大鳄，不必全力用兵，只消智慧运营！巧妙出击！中国"金融三系"，经济实力是强国根基，中国金融应是护国利器。在中国金融市场的所有博弈者，我们都是祖国母亲的儿女！中华民族之崛起，国家和民族之复兴，是我们的无上荣耀，我们都要铭记心底！

启示与感悟:

买股票,信心最重要。信心,要依照市场变化而变化,要依照事态发展的周期性和峰谷波动理论来智慧应对。事态在转强势向上时,要充满信心,事态转弱时,要坚定底部或最贱时出现。司马迁《货殖列传》有曰:贵极反贱、贱极反贵;贵出粪土、贱取珠玉!机会,总是在低迷中孕育!机会,总是留给有准备之人!宝剑锋从磨砺出,梅花香自苦寒来!钱要赚,志更坚!股海人生,志存高远!咬定青山不放松,立根原在破岩中!千磨万击还坚韧,任尔东西南北风!(郑板桥)股市,是战场,又是大课堂!股市,是战场,因为这里充满战前的运筹、战时的灵动、战后的总结!战时,危机四伏,诱惑满眼!投资者如何看待危机?不冒风险,是打不了大仗、胜仗的!但要将风险降到最小,小到自己能够承受被套压力、能够磨砺智慧、锻炼身手即可!偶尔可以吃败仗,但不能总打败仗!钱,是赚不完的,但是,如果不用心筹划、琢磨,钱再多,早晚也会消耗殆尽、弹尽粮绝!如果总打败仗,不如及时休战,或干脆退出战场!说股市又是大课堂,我们都是学生,是学生,就该主动认真学习、仔细听讲、多做作业、巧做安排,博闻强记,要认真解读相关信息,善于做出不同预测,对于自己不同预测,还要及时制定相应应对预案!有时,赚钱,是很快的,但快钱,不好赚!要注意思想和行为朝前看!沉舟侧畔千帆过,病树前头万木春!前方更有迷人景色!劝你做股票波段行情!大波段,5~10年,中波段,3~5年,小波段,3年以下,小波段,大都小到1年至1、2个月不等,不要频繁买卖，搞坏心态！尤其假使你还有固定工作，那就最好做中小波段！如此来做，获利往往是以几倍翻番来计算！运筹帷幄，利在长远！

启示 3

中国梦就是世界梦

　　大国崛起，不等于"国强必霸"！中国梦就是世界梦，中国强大了，必将福泽天下，这是由中华 5000 年朴实忠厚的民族文化特点所决定的。《环球时报》报道了一位大学教授的文章说，"西方别再把中国看成另类国家"，读后，令人深思，受益匪浅！中国社会经济的强势崛起，走的是"和平发展之路"，不会对任何国家或地区构成威胁。但就有一部分好事者，或别有用心者，总想拿中国发展模式说事。强大之后，不称霸，这是由中华文化的本质所决定的！看过电影《李小龙传奇》的人，应该知道，中国功夫给世界带来强身健体的最强音！能说，习武强身，我们是要打倒所有能够打倒的人吗？我们要称霸天下吗？就是可以说相当"世界第一"，这也是带有"现代奥林匹克精神啊"！我们不但不欺辱弱小，还要保护、呵护弱小！但是，不管怎么说，关键要看怎么做！我赞成作者的观点，我国还是走在大国崛起的"路途之中"，前面的路还很长。在国家利益拓展的同时，如何化解"中国威胁论"？还是很有必要谨慎行事的。要通过我们的行动和别人的口碑，并努力进一步消除其他国家对中国的疑虑和猜忌，"减少摩擦是中国外交面临的重大课题"，但是，我们是努力减少摩擦，并不惧怕任何形式的摩擦！我们更要充分地理解"中国威胁论"的存在？因为，他们"怕我们强大起来"，只是因为过去他们曾经"对不起我们"。所以，另类形象的被塑造，还需要我们自己努力去改善，更需要通过与对方沟通、合作、协调来不断完善！小成，靠技能，大成，要靠德行，中国的崛起，要"以德制胜"！唯此，方能赢得世界的信任！唯此，才能是世界和平共处、幸福家园之最强音！

人类命运共同体让中国梦与世界梦相融相通。中国共产党是世界上最大的政党，也是当今世界最有影响力的大党。中国共产党与全球近300个政党、政治组织在北京进行高层对话会。会上，习近平同志在主旨讲话中指出："中国共产党是为中国人民谋幸福的党，也是为人类进步事业而奋斗的党。""中国共产党所做的一切，就是为中国人民谋幸福、为中华民族谋复兴、为人类谋和平与发展。我们要把自己的事情做好，这本身就是对构建人类命运共同体的贡献。"一方面展现了中国共产党越来越开放和包容的精神，另一方面也表明中国共产党正在全球治理当中发挥更重要和更大的作用。

自党的十八大以来，以习近平同志为核心的党中央着力推进国家治理体系和治理能力现代化，并在此基础上不断推进国家治理、执政党治理、全球治理。五年来，习近平提出并深刻阐述了实现中华民族伟大复兴的中国梦，指出，中国梦要实现国家富强、民族复兴、人民幸福，是和平、发展、合作、共赢的梦，与世界各国人民的美好梦想相通。为推进全球治理，习近平在中国梦的基础上提出构建"人类命运共同体"，倡导为人类做出新的更大的贡献，同时，为全球生态和谐、国际和平事业、变革全球治理体系、构建全球公平正义的新秩序贡献中国智慧和中国方案。从此，中国梦与世界各国人民的梦连在一起。

党的十九大报告指出，"坚持和平发展道路，推动构建人类命运共同体"，并且着重强调"中国人民愿同各国人民一道，推动人类命运共同体建设，共同创造人类的美好未来"。构建人类命运共同体，表明中国在追求本国利益时，兼顾他国合理关切；在谋求本国发展中，促进各国共同发展和共同繁荣；在实现中国梦的新征程中，秉持同舟共济和增进人类共同利益。总之一句话，中国梦与人类命运共同体完美融合。

五年来，以习近平同志为核心的党中央带领全国各族人民，使占世界人口20%的人民过上了美好生活，实现了人民幸福的中国梦，同时，还在朝着过上更加美好生活的目标不懈奋斗；用几十年的时间走完了发达国家几百年走过的发展历程，解决了许多长期想解决而没有解决的难题，办成了许多过去想办而没有办成的大事，取得了全方位、开创性的成就，越来越接近实现国家富强和民族振兴的中国梦，"这本身就是对构建人类命运共同体的贡献"。

当今世界充满相互交织、纷繁复杂的挑战。为此，必须加快完善全球治理体系，构建平等合作共赢的新型国际关系和全球命运共同体；需要一个新理念、新思维、新共识引领，构建新型国际关系架构。习近平主席曾几十次谈到"命运共同体"，从国与国的命运共同体、区域内命运共同体，到人类命运共同体，提出了中国方案，发出了中国声音，把握了人类利益和价值的相关性，表达了中国追求和平发展、实现合作共赢的愿望，有力提升了中国的国际议事能力和参与塑造国际规则的能力。

中国的发展离不开世界，世界的繁荣离不开中国。构建人类命运共同体，交融于实现中华民族伟大复兴的中国梦。我们追求的是中国人民的福祉，也是世界各国人民共同的福祉。中国的命运与世界的命运紧密相连，中国梦与人类命运共同体之梦相互依存，相得益彰。中国方案旨在表达：中国人民和中国共产党从不把自己成功的发展道路和发展模式强加于人，而是愿意为别国提供一个可供参考借鉴和自愿选择的方案，体现了一个负责任大党和大国的谦谦君子之风。这也正如十九大报告所指出的：中国特色社会主义进入新时代，意味着中国特色社会主义道路、理论、制度、文化不断发展，拓展了发展中国家走向现代化的途径，给世界上那些既希望加快发展又希望保持自身独立性的国家和民族提供了全新选择，为解决人类问题贡献了中国智慧和中国方案。（信息来自程冠军，中央党校理论网采编中心主任、中国作家协会会员）

启示与感悟：

物质文明和精神文明，要双轮驱动，中国梦和世界梦，要相互依存。财富博弈，不能离开政治影响，不能离开文化渗透。沪港通、深港通、沪伦通及沪纽通，一带一路、雄安新区、粤港澳大湾区等重大工程项目，是中国梦，更是世界梦，参与各方都要综合分析，充分运用各种资源，各种机会必将激发财富激增。我们不仅要搞好自身基础设施建设，更要放眼全球基础设施的改善与发展，在全球市场寻找机会，循序渐进地大规模投资，以提升中华民族物质文明和精神文明空间拓展的广度和深度。精神文明，以物质文明为基础，物质文明，以经济建设为基础，社会经济实力，以整体社会综合基础设施与经济发展水平相互支持为基础！只有一个国家社会整体综合基础设施配套完整、齐全、规模化，能够满足各类生产企业发展再生产之需，能够满足最广大人民群众的物质文明财富生产的需要和精神文明文化生活的需要，那才是一个有前途的国家！才是一个未来发展充满无穷魅力的国家！才能让最广大人民群众从国家和民族的文明与进步中感受到生命的坚毅和恢宏！从而，才能最真实地激发人民群众最强大的工作热情和无穷的创造力！让中国老百姓能够最大限度地享受改革开放的巨大成果，让广大人民群众能够普遍感受到社会发展所带给人们的钟情福祉和温馨愿景！城市建设、民航、港口、铁路、地铁、高铁、城铁、公路、商厦、学校、医院、公园、社区休闲、旅游景点，等等，以及与之相配套的相关产业和部门，都应与社会发展要求相匹配、继续加大投资力度！所有这些研发和运营，让中国人民和世界人民过上幸福美好生活是最终综合指导方针和基本原则！为此，中国基础设施建设还应进一步加大投资力度，使投资造福子孙万代！最终实现中国梦和世界梦互融互通、共享繁荣。

启示 4

京东方将成为液晶面板大王

投资洼地、液晶电视！早在 2003 年之际，液晶电视刚刚问世，价格高得不可思议。52 英寸彩电，大约 40000 多元一台。而到 2018 年，价格降到仅仅十分之一的 4000 元一台。而我们的工资比 15 年前增长约 10 倍。2009 年 9 月，本人在自己的博客里曾发文如是说：中国内地消费市场的潜在需求十分惊人！要解读中国国内消费走势，还要看政府如何引导。消费群体可粗放地划分为两大群：城市消费群和农村消费群。城市消费群当中有很多购买力水平已进入富裕状态，他们一有自己的产权房，二有私家汽车，还有闲钱买卖股票等用于投资型消费。只要政府就他们及其家庭的医疗、养老、孩子上学、就业及社会稳定等越来越有保障，其投资性消费的参与意识必然会越来越强。至于农村消费群体，近来，政府十分重视农民医疗、养老、子女升学、就业，甚至家电下乡、以旧换新等问题，一旦广大农民的后顾之忧被淡化，则他们的消费欲望必然大增！尤其家电消费，特别是彩电。其中，液晶电视必将是城乡消费者追逐的热点。笔者 6 年前想买台彩电来布置新家，朋友建议买台近 40000 元的液晶电视，当时我确信其价格太高，因为当时它太过新潮！有时，消费不必急于顺潮流、赶时尚！果真，事到如今，原来约40000元的液晶电视，现在只卖4000多元，价格只有当时的十分之一！而我们的基本收入却已大幅提高。笔者认为液晶电视，正处在消费者消费的价值洼地，也是液晶面板、液晶电视制造业的产业投资洼地，相信政府有智慧、有能力、有计划地正在战略性布局，在不远的将来，城乡间液晶电视的销售会暴增！因为，彩电是中国家庭消费第一品种！笔者记得，早在1990年，中国人非常喜欢日本原装彩电，免税购得一台25英寸松下彩电要花费约4000元，而当时的4000元是刚刚毕业的大学生约4年的工资收入！我们期待着中国有着自主研发的液晶电视的批量生产和销售时代的早日到来！我们期待着每个中国家庭，甚至每个客厅、卧室都拥有自己心仪的液晶电视陪伴。

战略布局，运筹千里！抢得先机，商机无限！祝贺京东方A股决策层的智慧运筹！中央政府关注概念、国资委政治力量概念、国内消费市场激励概念、液晶电视规模发展概念，等等，助推京东方A超常规发展液晶电视！走向农村、走向全国、走向世界！液晶面板，占液晶电视整机价值的70%。数面板"大王"，还看"京东方"！我们拭目以待！国内消费市场广阔！祝贺中国城乡家电消费风生水起！彩电市场更加风光无限！东方不败！京东方！总是能给人光芒和希望！但也别忘了，阳光，总在风雨后！只有经过风雨的洗礼，那如光似火的希望，方显光芒万丈！我爱我家！我爱本土化！我更爱电子产品自主研发国产化！电子产业振兴、中国自主研发知识产权类产品跻身世界，是中国的大政方针！产品本土化，才是最

终强国之本！液晶面板国产化是大趋势，是我国国内市场对彩电及
显示屏的大量潜在需求使然。

反观京东方近几年来的股票价格走势，就能一目了然。

2011年8月至2014年10月，股价徘徊在每股2元多，2015年
借融资杠杆之力，加上本身的潜在优良质地，涨到近每股6元，而
在2016年1月至2017年1月，股价又回到每股2元多。在2017年
11月间，股价上涨到近每股7元。目前回调到4.5元徘徊整固，随
着消费升级，人们对电视、电脑、手机及户外广告等显示屏市场的
需求还会大幅提升，价值发现和价值重估势在必行。调整，恰是买
入良机。波段操作是为良策，还要密切关注上市公司财报及各方面
消息的动态走势。

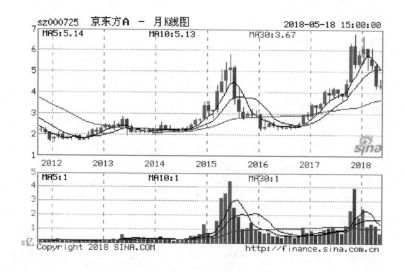

启示与感悟：

市场风云变幻，商无定势，水无常形，兵不厌诈，云诡波谲，

《孙子兵法》有曰：兵者，诡道也，能而示之不能，用而示之不用，近而示之远，远而示之近，趋利避害，以己之长攻敌之短，出其不意，攻其不备，利而诱之，乱而取之。凡此种种，都是告诫人们，凡是要随机应变，善于把控机会，投资理财，更是如此。但这里，周期性的基本面十分关键。要从生活中善于观察和分析周围的相关事务，一分耕耘，一分收获。还要熟练掌握和完善应用股票投资的"时空价量"四维投资法则和基本面、技术面和心理面"三管齐下"的投资理念，前者重微观，后者重宏观，微观和宏观要互联互融互通，目的是不断扩大利润规模，降低投资成本，还要长线短线相互结合，以丰补歉，团结合作，涨时，赚钱，跌时，赚股票。激情和智慧都来自使自己的财富雪球越滚越大的过程之中。

启示 5

中国制造大国重器

大国重器，中国高端装备制造业引领实体经济王者归来！航空航天事业飞速发展，天宫、北斗、蛟龙、天眼、高铁、大飞机、港珠澳大桥、华龙一号核能核电等重大项目纷纷实现重大突破。通用高端工程机械柴油发动机领域也是捷报频传。

我曾在我的新浪博客上发表论文，并引用毛主席的诗篇，来抒发情感，高端装备制造业引领实体经济王者归来！潍柴动力向全球市场规模化纵深挺进。

> 钟山风雨起苍黄，百万雄师过大江。
>
> 虎踞龙盘今胜昔，天翻地覆慨而慷。
>
> 宜将剩勇追穷寇，不可沽名学霸王。
>
> 天若有情天亦老，人间正道是沧桑。

温馨提示：这首词最早发表于人民文学出版社 1963 年 12 月版《毛主席诗词》。

祝福中国实体经济乘势而上！我们坚信，中国高铁基建、核能核电、航空航天等高端装备制造业必将助力中国实体经济震撼发展，扎实稳健地向全球市场规模化纵深挺进！2017 年 3 月 3 日，中国卡车网曾报道说，2017 潍柴轻重并举再度发力，2016 年是中国非道路三阶段排放法规实施的第一年。新法规的实施，让无论是发动机技术还是整车的系统匹配，都迎来了中国工程机械发展史上一次划时代的升级浪潮。作为工程机械行业的龙头企业和绿色动力的积极倡导者，潍柴动力自然是当仁不让，引领行业屹立潮头。潍柴 WP17 发动机上市，在以"迈向高端挑战全球第一"为主题的潍柴 2017 年商务大会工程机械动力分会上，潍柴推出了扛鼎之作——WP17V 型柴油机，继续用实际行动宣告自己在业内不可动摇的王者地位。因为 17 升排量的大马力发动机，此前在国内发动机行业几乎是不可想象的，它的问世，不仅代表了潍柴的最新技术成果，也一举打破了国内大马力发动机长期被国外产品垄断的局面，让中国重型工程装备终于有了属于自己的"中国芯"。

在 WP17 发布会现场，潍柴 WP17 发动机主要的装配对象为汽车吊、履带吊、大件运输车、矿车、推土机等大型工程车辆或设备，并且该发动机采用了高压共轨、直喷、增压中冷、SCR 后处理等目前比较主流的技术。缸径 127mm，行程 165mm，排量 16.72L，额定功率 603kW，在 1200～1500 转时可以输出 3350Nm 的扭矩，符合欧六/非道路四阶段排放法规标准。

从外观来看，潍柴 WP17 发动机采用了 V8 结构、双涡轮增压系统，并且油底壳也和普通的公路用型号不同，采用了更高结构强度的工程版油底壳，可以适应工程车辆极为严酷恶劣的工作环境。因此，潍柴 WP17 发动机并没有使用常见的旋转式机油、柴油滤清器，而是采用了可更换滤芯式的过滤单元。这种设计可以极大降低发动机的保养成本，更换操作也更方便，符合工程用发动机的使用环境。

据了解，由于大型工程车辆的用电量较大，所以，WP17 使用了双发电机系统，可以满足较大的用电量需求；互为备份的双发电机也间接地增加了系统的可靠性，减少因发电机故障导致的车辆抛锚现象，并且 WP17 的双涡轮增压系统共用一根进气道，加压后的空气被分别供应给两侧的气缸，并且每侧排出的废气只驱动本侧的增压器，独立性较好。当单侧出现故障时不会造成整个系统瘫痪，冗余度更高。此外，WP17 发动机还装有潍柴的 SuperPower 发动机制动系统，最大制动功率可达 320kW，能在矿区极端下坡路况环境下，为重型工程车辆提供更为安全的行车保障。

多年来，潍柴一直在大步前行，即便是在市场持续低迷的背景下，潍柴每年仍然对产品研发投入巨额资金，排放法规的升级使得潍柴产品竞争力不断增强，市场占有率得到进一步提升。据潍柴 2017 年商务大会报告显示，2016 年，潍柴在装载机市场占有率已超过 80%，推土机市场占有率超过 70%，在叉车、挖掘机、路面机械等战略市场也获得长足进步，WP2.3、WP3、WP3.2 及 WP4.1 等"锐动力"系列产品更成为潍柴开拓工程机械小马力细分市场的"杀手锏"。

2017 年，不仅潍柴旗下全系列产品完全满足行业排放标准，同时还启动了立足长远的战略布局，为应对未来行业发展趋势和下一次排放升级打下扎实基础。

启示与感悟:

大国重器,是国之砝码,是赶超之路,是智慧转型,是创新驱动。

先进的机器制造已经席卷全球,它强硬地是一个国家民族的脊梁。从建立装备制造基地,到制造门类齐全的装备,中国一批实业报国的中坚力量,肩负大国使命,冲破国际垄断,自主创造模式,让更多来自制造强国昂贵的机器价格开始归于合理,平衡的砝码向中国制造加力,关乎国家命脉的装备制造能力,让国家的经济安全得到保障,一个新的创造时代正在开始。装备制造从来就和人们的生活息息相关,充足的天然气,灯火辉煌的城市,不再遥远的城市旅行,都让人们的生活变得舒适和方便。这一切,有的来源于造船领域中最亮的那颗明珠;有的得益于水电、火电、核电等国际领先的成套设备;有的来自速度,高速铁路列车让人们实现了朝发夕至、一日千里的飞驰梦想……中国装备制造的赶超之路,就是中国人日益追赶美好生活的富足之路。中国装备制造业正在经历一场转型,一次革命,它每分每秒都在改变着中国。从观念转型带动结构转型,不断突破行业边界,以总包和服务赢得先机,让机器充满智慧,让销售走向极致,突破中国制造"空壳化",这是迈向高端制造的国际路径。我们将进入一个个精妙的世界。大国重器,是创新驱动。真正的世界级自主创新和企业核心竞争力怎样取得?它如何驱动中国装备制造业实现超越,让速度更快、让效率更高?全球顶级制造企业大手笔接纳中国机器的时代已经开启。当中国的机器制造能力越来越扎实、越来越稳健地向高端攀升，创新的能力也开始大规模出现。这里将展现产业升级带来的创新动力，这里将展示创新驱动如何助力中国企业一步步走向世界高端制造领域。

启示 6

中国高举进口大旗

改革开放 40 年来，中国的外汇储备已相当厚实，截至 2018 年 4 月，我国外汇储备为 31428 亿美元。我国将于 2018 年 11 月，在上海举办中国首届进口博览会，将盛邀世界名优特新优质产品进入中国消费市场。中国高举进口大旗，为世界制造业和就业市场带来无限商机。

早在 2010 年，中国政府就大力倡导积极采取措施扩大进口。为进一步鼓励和扩大进口，促进贸易平衡，商务部于 2010 年 9 月 6 日在北京举办了"2010 中国进口论坛"。论坛的主题为"开放的中国市场与全球贸易"，旨在为中外各方搭建沟通的平台，诠释中国在扩大进口方面采取的措施和成效，分析探讨中国市场的潜力和机遇，增进贸易伙伴对中国市场的了解和认识，促进中外业界交流，深化企业互利合作，推动进口持续发展。此次论坛邀请了有关国家驻华使馆经商参处、国外行业组织、国内各地商务主管部门、行业中介组织以及相关中外企业代表近 300 名参加。

商务部国际贸易谈判副代表崇泉到会并发表了题为《携手合作

互利共赢 推动进口持续发展》的主旨演讲。崇泉指出，在经济全球化的背景下，特别是在应对金融危机的过程中，世界各国应当共同反对贸易保护主义，相互开放市场，才能推动全球贸易的持续平稳发展，进而促进世界经济的全面复苏。中国作为一个贸易大国，既重视出口，也重视进口，将积极推动中国进出口贸易的平衡发展，为全球贸易和世界经济的发展做出应有的贡献。崇泉强调，开放市场，扩大进口，对一国经济发展一样具有不容忽视的重要作用。中国政府积极鼓励扩大进口不是一时的权宜之计，是根据中国自身经济发展的实际需要作出的决策，有利于中国加快经济发展方式转变，调整经济结构。

崇泉表示，随着中国工业化、城镇化进程的加快推进，将为经济增长释放出一个长期而庞大的内需市场，同时，也会给其他国家扩大对华出口带来更多的市场机遇。中国将一如既往，稳步推动市场开放，积极采取措施扩大进口，促进贸易平衡发展。中国今后将在优化进口结构、推动进口便利、完善促进体系等三个方面，采取8项措施，鼓励扩大进口，促进贸易平衡。

一是按照产业政策要求，积极进口资源、先进技术和关键装备等；二是妥善处理贸易摩擦和争端，鼓励增加自主要贸易顺差国进口；三是进一步优化进口关税结构，引导企业扩大进口；四是继续提高贸易便利化水平。简化和放宽进口管理，降低进口费用和成本；五是不断完善进口公共信息服务体系，提高政策透明度，营造良好贸易环境；六是举办各类进口商品展览会、博览会、推介会等，带动中外经贸合作交流。七是积极研究运用各种金融、税收等手段支持扩大进口，包括为企业提供进口融资便利等等；八是继续组织各种形式的投资贸易促进团，积极赴国外开展投资贸易促进活动。

　　会议期间，国内有关部门、学者、行业组织和企业分别从全球经济发展、中国宏观经济趋势、全球贸易走向、中国国内市场管理政策、行业发展、企业需求等不同层面做主题演讲和交流。日本、法国等国驻华使馆、国外行业组织和企业等外方代表向与会代表分别介绍了其进口促进做法以及开拓中国市场的经验，并对进一步进入中国市场进行了展望。许多与会代表认为，在当前全球经济企稳回暖的关键时期，携手合作，共克时艰，推动经贸合作发展是中外各方的共同责任和目标，各国应秉承贸易开放自由的理念，携手合作，互利共赢，促进全球贸易的持续稳定发展。一些与会代表还特别呼吁美、欧等发达国家放宽高技术产品对华出口限制，反对贸易保护主义，营造公平、互利、公正的国际贸易环境。

　　2018年11月，中国首届进口贸易博览会将在上海隆重举办，中国再一次表明了中国对外开放的强大决心。目标是在全球范围内营造一种消费浪潮，改善国际国内亿万民众的生产和生活水平，使国际国内社会经济发展不断得到进一步完善和可持续良性发展。中国促进进口、促进贸易平衡发展对于建设现代化经济体系具有重要意义。中银香港首席经济学家鄂志寰曾对《证券日报》记者表示，一方面，促进进口可以实现对外贸易平衡发展，更好地满足国内日益增长的消费需求，提升国内居民的生活质量，提高大家的获得感；另一方面，增加进口可以给国内相关产业带来竞争压力，优胜劣汰，能推动中国企业提升产品质量和加强创新发展，最终可以促进国内产业升级。最后，降低关税能为国内消费者提供更多优质的选择，进而满足人民对美好生活的需求。

启示与感悟：

国际经济与贸易，是世界最大财富的载体和运营通道。国际贸易进出口应该是相辅相成，一荣俱荣，一损俱损，只有相互开放市场，才有全球贸易的持续发展。"重商主义"的理论认为，一国应当尽可能地多出口，少进口，积累贸易顺差，才能获取财富。这种观点，在理论上和实践上早已被证明是根本行不通的。我们注意到西方个别经济学家也给中国贴上"重商主义"的标签，中国扩大进口，强调贸易均衡，就是一个正面强力回应。在提高本国生产和生活质量及优化竞争环境的同时，更重要的是为产品出口国或地区人民的生产和生活有着直接的带动作用，为世界经济社会的生产和生活也创造良性可持续发展的竞争环境，也能使世界各国人民能够共享人类所创造的物质文明和精神文明。

启示 7

巴菲特走进中国人理财世界

巴菲特励志性投资理财名言，是值得我们中国投资理财弄潮儿和博弈者学习和借鉴的。精选 97 句，与大家共享。

1. 一生能够积累多少财富，不取决于你能够赚多少钱，而取决于你如何投资理财，钱找人胜过人找钱，要懂得钱为你工作，而不是你为钱工作。

2. 那些最好的买卖，刚开始的时候，从数字上看，几乎都会告诉你不要买。

3. 我们之所以取得目前的成就，是因为我们关心的是寻找那些我们可以跨越的一英尺障碍，而不是去拥有什么能飞越七英尺的能力。

4. 在别人恐惧时我贪婪，在别人贪婪时我恐惧。

5. 如果你不愿意拥有一只股票十年，那就不要考虑拥有它十分钟。

6. 拥有一只股票，期待它下个早晨就上涨是十分愚蠢的。

7. 永远不要问理发师你是否需要理发。

8. 任何不能永远发展的事物，终将消亡。

9. 投资并非一个智商为 160 的人就一定能击败智商为 130 的人的游戏。

10. 市场就像上帝一样，帮助那些自己帮助自己的人，但与上帝不一样的地方是，他不会原谅那些不知道自己在做什么的人。

11. 就算美联储主席格林斯潘偷偷告诉我他未来二年的货币政策，我也不会改变我的任何一个作为。

12. 我只做我完全明白的事。

13. 不同的人理解不同的行业。最重要的事情是知道你自己理解哪些行业，以及什么时候你的投资决策正好在你自己的能力圈内。

14. 很多事情做起来都会有利可图，但是，你必须坚持只做那些自己能力范围内的事情，我们没有任何办法击倒泰森。

15. 对你的能力圈来说，最重要的不是能力圈的范围大小，而是你如何能够确定能力圈的边界所在。如果你知道了能力圈的边界所在，你将比那些能力圈虽然比你大 5 倍却不知道边界所在的人要富有得多。

16. 任何情况都不会驱使我做出在能力圈范围以外的投资决策。

17. 我是一个非常现实的人，我知道自己能够做什么，而且我喜欢我的工作。也许成为一个职业棒球大联盟的球星非常不错，但这是不现实的。

18. 对于大多数投资者而言，重要的不是他到底知道什么，而是他们是否真正明白自己到底不知道什么。

19. 一定要在自己的理解力允许的范围内投资。

20. 如果我们不能在自己有信心的范围内找到需要的，我们不会扩大范围。我们只会等待。

21. 投资必须是理性的。如果你不能理解它，就不要做。

22. 我们的工作就是专注于我们所了解的事情，这一点非常非常重要。

23. 开始存钱并及早投资，这是最值得养成的好习惯。

24. 我从十一岁开始就在作资金分配这个工作，一直到现在都是如此。

25. 就算美联储主席格林斯潘偷偷告诉我他未来二年的货币政策，我也不会改变我的任何一个作为。

26. 从预言中你可以得知许多预言者的信息，但对未来却所获无几。

27. 我有一个内部得分牌。如果我做了某些其他人不喜欢，但我感觉良好的事，我会很高兴。如果其他人称赞我所做过的事，但我自己却不满意，我不会高兴的。

28. 如果市场总是有效的，我只会成为一个在大街上手拎马口铁罐的流浪汉。

29. 在一个人们相信市场有效性的市场里投资，就像与某个被告知看牌没有好处的人在一起打桥牌。

30. 目前的金融课程可能只会帮助你做出庸凡之事。

31. 没有一个能计算出内在价值的公式。你得懂这个企业（你得懂得打算购买的这家企业的业务）。

32. 不必等到企业降至谷底才去购买它的股票。所选企业股票的售价要低于你所认为的它的价值并且企业要由诚实而有能力的人经营。但是，你若能以低于一家企业目前所值的钱买进它的股份，你对它的管理有信心，同时，你又买进了一批类似于该企业的股份，那你赚钱就指日可待了。

33. 今天的投资者不是从昨天的增长中获利的。

34. 波克夏就像是商业界的大都会美术馆，我们偏爱收集当代最伟大的企业。

35. 真正理解养育你的那种文化的特征与复杂性，是非常困难的，更不用提形形色色的其他文化了。无论如何，我们的大部分股东都用美元来支付账单。

36. 你是在市场中与许多蠢人打交道；这就像一个巨大的赌场，除你之外每一个人都在狂吞豪饮。如果你一直喝百事可乐，你可能会中奖。

37. 我们在国内并不需要过多的人利用与股市密切相关的那些非必需的工具进行赌博，也不需要过多鼓励这些这么做的经纪人。我们需要的是投资者与建议者，他们能够根据一家企业的远景展望而进行相应的投资。（励志　www. lz13. cn）我们需要的是有才智的投资资金委托人，而非利用杠杆收购谋利的股市赌徒。资金市场中那种需要高度智力才能经营的；支持社会运转倾向性，却在某种程度上被在同一舞台上、使用同一种语言、享受着同一个劳动力大军服务的、狂热而令人心跳的赌场经营所扼制了，而不是被增进了。

38. 如果我挑选的是一家保险公司或一家纸业公司，我会把自己置于想象之中，想象我刚刚继承了那家公司，并且它将是我们家庭永远拥有的唯一财产。

39. 我将如何处置它？我该考虑哪些东西？我该担心什么？谁是我的竞争对手？谁是我的顾客？我将走出去与顾客谈话。从谈话中我会发现，与其他企业相比，我这一特定的企业的优势与劣势所在。

40. 如果你已经这么做了，你可能会比企业的管理层对这家企业有着更深的了解。

41. 如果你在一生中偶然有了一个关于企业的好想法，你是幸运的。基本上可以说，可口可乐是世界上最好的大企业。它以一种极为适中的价格销售。它受到普遍的欢迎——其消费量几乎每年在每一个国家中都有所增长。没有任何其他产品能像它那样。

42. 如果你给我 1000 亿美元用以交换可口可乐这种饮料在世界上的领先权，我会把钱还给你，并对你说"这可不成"。

43. 如果发生了核战争，请忽略这一事件。

44. 在商业不景气时，我们散布谣言说，我们的糖果有着春药的功效，这样非常有效。但谣言是谎言，而糖果则不然。

45. 只有在潮水退去时，你才会知道谁一直在裸泳。

46. 我们不必屠杀飞龙，只需躲避它们就可以做得很好。

47. 习惯的链条在重到断裂之前，总是轻到难以察觉。

48. 如果你基本从别人那里学知识，你无需有太多自己的新观点，你只需应用你学到的最好的知识。

49. 我从不打算在买入股票的次日就赚钱，我买入股票时，总是会先假设明天交易所就会关门，5 年之后才又重新打开，恢复交易。

50. 不要投资一门蠢人都可以做的生意，因为终有一日蠢人都会这样做。

51. 如开始就成功，就不要另觅他途。

52. 希望你不要认为自己拥有的股票仅仅是一纸价格每天都在变动的凭证，而且一旦某种经济事件或政治事件使你紧张不安就会成为你抛售的候选对象。相反，我希望你将自己想象成为企业的所有者之一，对这家企业你愿意无限期的投资，就像你与家庭中的其他成员合伙拥有的一个农场或一套公寓。

53. 通过定期投资于指数基金，那些门外汉投资者都可以获得超过多数专业投资大师的业绩！

54. 我们的目标是使我们持股合伙人的利润来自企业，而不是其他共有者的愚蠢行为。

55. 用我的想法和你们的钱，我们会做得很好。

56. 想要在股市从事波段操作是神做的事，不是人做的事。

57. 1919年，可口可乐公司上市，价格40美元左右。一年后，股价降了50%，只有19美元。然后是瓶装问题，糖料涨价等等。一些年后，又发生了大萧条、第二次世界大战、核武器竞赛等等，总是有这样或那样不利的事件。但是，如果你在一开始用40块钱买了一股，然后你把派发的红利继续投资于它，那么现在，当初40美元可口可乐公司的股票，已经变成了500万。这个事实压倒了一切。如果你看对了生意模式，你就会赚很多钱。

58. 一个杰出的企业可以预计到，将来可能会发生什么，但不一定知道何时会发生。重心需要放在"什么"上面，而不是"何时"上。如果对"什么"的判断是正确的，那么对"何时"大可不必过虑。

59. 你所找寻的出路就是，想出一个好方法，然后持之以恒，尽最大可能，直到把梦想变成现实。但是，在华尔街，每五分钟就互相叫价一次，人们在你的鼻子底下买进卖出，想做到不为所动是很难的。

60. 华尔街靠的是不断的交易来赚钱，你靠的是不去做买进卖出而赚钱。这间屋子里的每个人，每天互相交易你们所拥有的股票，到最后所有人都会破产，而所有钱财都进了经纪公司的腰包。（励志www. lz13. cn）相反地，如果你们像一般企业那样，50 年岿然不动，到最后你赚得不亦乐乎，而你的经纪公司只好破产。

61. 当一个经历辉煌的经营阶层遇到一个逐渐没落的夕阳工业，往往是后者占了上风。

62. 所谓有"转机"的企业，最后很少有成功的案例，与其把时间和精力花在购买价廉的烂企业上，还不如以公道的价格投资一些物美的企业。

63. 投资人必须谨记，你的投资成绩并非像奥运跳水比赛的方式评分，难度高低并不重要，你正确地投资一家简单易懂而竞争力持续的企业所得到的回报，与你辛苦地分析一家变量不断、复杂难懂的企业可以说是不相上下。

64. 当一些大企业暂时出现危机或股市下跌，出现有利可图的交易价格时，应该毫不犹豫买进它们的股票。

65. 经验显示，能够创造盈余新高的企业，现在做生意的方式通常与其五年前甚至十年前没有多大的差异。

66. 我们不会因为想要将企业的获利数字增加一个百分点，便结束比较不赚钱的事业，但同时我们也觉得只因公司非常赚钱便无条件去支持一项完全不具前景的投资的做法不太妥当，亚当·史密斯一定不赞同我第一项的看法，而卡尔·马克思却又会反对我第二项见解，而采行中庸之道是唯一能让我感到安心的做法。

67. 一只能数到十的马是只了不起的马，却不是了不起的数学家，同样的一家能够合理运用资金的纺织公司是一家了不起的纺织公司，但却不是什么了不起的企业。

68. 我对总体经济一窍不通，汇率与利率根本无法预测，好在我在做分析与选择投资目标时根本不去理会它。

69. 利率就像是投资上的地心引力一样。

70. 决定卖掉公司所持有的麦当劳股票是一项严重的错误，总而言之，假如我在股市开盘期间常常溜去看电影的话，你们去年应该赚得更多。

71. 一群旅鼠（意指集体自杀现象）在意见分歧时，和华尔街那群利己的个人主义者没有两样。

72. 股票预测专家唯一的价值，就是让算命先生看起来还不错。

73. 只要想到隔天早上会有25亿男性需要刮胡子，我每晚都能安然入睡。（谈到对于吉列刮胡刀持股的看法）

74. 经理人在思索会计原则，一定要谨记林肯总统最常讲的一句俚语："如果一只狗连尾巴也算在内的话，总共有几条腿？答案还是四条腿，因为不论你是不是把尾巴当作是一条腿，尾巴永远还是尾巴！"这句话提醒经理人就算会计师愿意帮你证明尾巴也算是一条腿，你也不会因此多了一条腿。

75. 我们从未想到要预估股市未来的走势。

76. 短期股市的预测是毒药，应该要把他们摆在最安全的地方，远离儿童以及那些在股市中的行为像小孩般幼稚的投资人。

77. 人们习惯把每天短线进出股市的投机客称之为投资人，就好像大家把不断发生一夜情的爱情骗子当成浪漫情人一样。

78. 所谓拥有特许权的事业，是指那些可以轻易提高价格，且只需额外多投入一些资金，便可增加销售量与市场占有率的企业。

79. 有的企业有高耸的护城河，里头还有凶猛的鳄鱼、海盗与鲨鱼守护着，这才是你应该投资的企业。

80. 我们应集中关注将要发生什么，而不是什么时候发生。

81. 投资对于我来说，既是一种运动，也是一种娱乐。

82. 伟大企业的定义如下：在 25 年或 30 年仍然能够保持其伟大企业地位的企业。

83. 我们的投资仍然是集中于很少几只股票，而且在概念上非常简单：真正伟大的投资理念常常用简单的一句话就能概括。我们喜欢一个具有持续竞争优势并且由一群既能干又全心全意为股东服务的人来管理的企业。当发现具备这些特征的企业而且我们又能以合理的价格购买时，我们几乎不可能出错。

84. 如果某人相信了空头市场即将来临而卖出手中不错的投资，那么这人会发现，通常卖出股票后，所谓的空头市场立即转为多头市场，于是又再次错失良机。

85. 我们欢迎市场下跌，因为它使我们能以新的、令人感到恐慌的便宜价格拣到更多的股票。

86. 不能承受股价下跌50%的人就不应该炒股。

87. 当人们忘记"二加二等于四"这种最基本的常识时，就该是脱手离场的时候了。

88. 如果我们有坚定的长期投资期望，那么短期的价格波动对我们来说毫无意义，除非它们能够让我们有机会以更便宜的价格增持股份。

89. 我从来不曾有过自我怀疑。我从来不曾灰心过。

90. 对于每一笔投资，你都应当有勇气和信心将你净资产的10%以上投入。

91. 假如你缺乏自信，心虚与恐惧会导致你投资惨败。缺乏自信的投资人容易紧张，而且经常会在股价下跌时卖出股票。然而这种行为简直形同疯狂，就如你刚花了10万美元买了一栋房子，然后立刻就告诉经纪人，只要有人出价8万美元就卖了。

92. 我之所以能有今天的投资成就，是依靠自己的自律和别人的愚蠢。

93. 我是个现实主义者，我喜欢目前自己所从事的一切，并对此始终深信不疑。作为一个彻底的现实主义者，我只对现实感兴趣，从不抱任何幻想，尤其是对自己。

94. 在生活中，我不是最受欢迎的，但也不是最令人讨厌的人。我哪一种人都不属于。

95. 吸引我从事证券工作的原因之一是，它可以让你过你自己想过的生活。你没有必要为成功而打扮。

96. 这些数字就是我未来所拥有的财富，虽然我现在没有这么多，但总有一天我会赚到的。

97. 我不会以我挣来的钱来衡量我生命的价值。

启示与感悟：

深刻领会巴菲特价值投资之真谛，要切记以下几点：一、良好的心态。探究巴菲特成功的精髓，你会发现，巴菲特真正难以被模仿的是获取收益的心态，而不是投资技巧。投资者的核心竞争力在于心态和毅力，在迈向成功的过程中，投资心态的作用可以占到70%以上。二、选最优秀的企业。就是要选择凤毛麟角而又无限光明的股票。巴菲特常常感叹，一生中真正值得长期持有的好股票只有几只。三、风险控制第一。巴菲特总是把风险因素放在第一位，并在投资前考虑到自己的承受能力。稳健的投资策略，使他逃过一次次股灾，也使得机会来临时资本迅速增值。四、以长期投资为主。巴菲特从不因为一只股票在短期内大涨就去跟进，他会竭力避免被市场高估的股票。建立正确的投资哲学与方法。巴菲特倡导，要成为股市赢家，你需要建立起正确的投资哲学与方法，不能成为"赢了就走，错了就砍"的短线炒手。五、快乐投资。巴菲特曾说，并不是因为我需要钱，而是因为挣钱并且看着它积累的过程富有乐趣。说这话的时候，当然是他投资成功之后，也是他多年投资过程中的心得。进股市是为了赚钱，那赚钱的目的又是什么呢？很多人是想使自己生活得更加快乐。不论盈亏，都要成为一个快乐的投资者。在股票投资过程中，感知乐趣、心境平和才是投资的至高境界，而且，要做到和巴菲特一样的成就，也要学习他在投资股票前认真做功课的精神。他投资一家公司的股票先要弄清四个问题，那就是：一、我了解这家企业吗？二、这家企业有没有优秀的管理者？三、这家企业有理想的经济特征吗？四、它的净资产回报率高吗？练好基本功，谋事在人成事在天，善于把握大势，才能赢势长久。

启示 8

服务型政府才是人民满意的政府

2018 年 3 月 7 日，习近平总书记在参加十三届全国人大一次会议广东代表团审议时发表重要讲话强调，共产党就是为人民谋幸福的，人民群众什么方面感觉不幸福、不快乐、不满意，我们就在哪方面下功夫，千方百计为群众排忧解难。李克强总理在 2018 年《政府工作报告》中指出，要坚持以人民为中心的发展思想，从我国基本国情出发，尽力而为、量力而行，把群众最关切最烦心的事一件一件解决好。

时代是出卷人，人民是阅卷人。《政府工作报告》为全国人民献上了一份兑现承诺的时代答卷。过去五年极不平凡，中国取得了"全方位、开创性成就"，发生了"深层次、根本性的变革"，其中尤为重要的是通过着力保障和改善民生，不断提升了人民群众的获得感。

党的十九大报告指出，中国特色社会主义进入新时代，我国社会主要矛盾已经转化为人民日益增长的美好生活需要和不平衡不充分的发展之间的矛盾。新时代人民群众对就业、教育、医疗、养老和环境等方面的美好生活需要不断增长，要持续提升人民群众的获得感、幸福感、安全感，必须增强政府公信力和执行力，加快建设人民满意的服务型政府。

加快建设人民满意的服务型政府，要让审批更简化。时至今日，行政审批改革已经到了爬坡过坎、滚石上山的关键时期。优化营商环境，要继续削减行政审批事项，全面实施市场准入负面清单制度，清理各类职业资格、生产经营许可等准入门槛，让市场主体真正感受到简政放权的含金量。今年全国将普遍推行"证照分离"改革，企业开办时间、商标注册周期、工程建设项目审批时间都将大幅缩短，大众创业的星火燎原之势不可阻挡。彻底实现审批流程简化，还需要从源头上转变"重事前审批、轻事后监管"的陈规戒律，走向政府定标准、企业做承诺、失信有惩戒的新型协同治理模式。

加快建设人民满意的服务型政府，要让监管更强大。政府工作报告提出，"在空气质量、环境卫生、食品药品安全和住房、教育、医疗、就业、养老等方面，群众还有不少不满意的地方"。近一段时间环境、教育、食品药品等领域出现了一些备受关注的社会问题，提升政府监管的科学性和有效性成为当务之急。今年市场监管领域将全面实施"双随机、一公开"监管改革，建立随机抽查事项清单、检查对象名录库和执法检查人员名录库，并将抽查结果向社会公开，切实解决执法不公、执法扰民、选择性执法等问题。针对新技术、新业态、新模式，必须创新政府监管方式，广泛运用大数据、风险管理、社会信用等新型监管工具，提升监管水平和效率。在基层监管一线，应当加快推进综合执法机构机制改革，推动人、财、物等资源向基层倾斜，有效减少监管盲区、降低执法成本。

　　加快建设人民满意的服务型政府，要让服务更优质。从根本上解决"门难进、脸难看、事难办"问题，要践行以人民为中心的发展思想，从群众和企业办一件事的视角重塑政府业务流程，力争做到让老百姓到政府部门办事"只进一扇门""最多跑一次"。近年来，越来越多的省市通过互联网＋政务服务让"信息多跑路、群众少跑腿"，以优质服务为企业添动力、为百姓增便利，市场活力和社会创造力大幅增强。今年还将进一步清理、取消没有法律法规依据的各类证明，群众诟病的"奇葩证明"现象将逐渐成为历史。此外，政府要兜牢民生底线，在扶贫、教育、医疗和养老等民生事项上织密覆盖城乡的保障网，让老百姓都能享受到全面建成小康社会的制度红利。

　　万事悠悠，民生为大。今年是全面贯彻党的十九大精神的开局之年，是改革开放40周年，是决胜全面建成小康社会、实施"十三五"规划承上启下的关键一年。加快建设人民满意的服务型政府时不我待，绝不能表态多调门高、行动少落实差，必须干字当头增强政府公信力和执行力。增强政府公信力，关键是要信守承诺，不能"新官不理旧账"，在重大决策、权力责任清单、预决算信息、开放政府数据、政务诚信建设等方面全面推进政务公开。提升政府执行力，要进一步用好督查督办和绩效管理制度，不断完善激励约束和容错纠错机制，旗帜鲜明给改革创新者撑腰鼓劲，对庸政懒政者严肃问责。

新时代展现新气象，新时代呼唤新作为。建设人民满意的服务型政府是适应社会主要矛盾变化，推进国家治理体系与治理能力现代化的必然要求。当前，各级政府在习近平新时代中国特色社会主义思想指引下，坚持以人民为中心的发展思想，持续推进"放管服"改革，人民满意的服务型政府建设一定能够取得新的更大的进展。

启示与感悟：

呵护好民生大计，一是执政者要严于律己；二是要为人民创造各种生产和生活机会。各级行政机关及其公务员要自觉遵守宪法和法律，严格依法行政。切实改进行政执法工作，努力做到规范执法、公正执法、文明执法。加快建立健全决策、执行、监督相互制约又相互协调的行政运行机制。要把反腐倡廉建设摆在重要位置，这直接关系政权的巩固。各级领导干部特别是高级干部要坚决执行中央关于报告个人经济和财产，包括收入、住房、投资，以及配偶子女从业等重大事项的规定，并自觉接受纪检部门的监督。

要建立健全惩治和预防腐败体系的各项制度，特别要健全公共资源配置、公共资产交易、公共产品生产等领域的管理制度，增强制度约束力。要坚持勤俭行政，反对铺张浪费，不断降低行政成本。严格控制楼堂馆所建设，禁止高档装修办公楼，加快公务接待、公车使用等制度改革，从严控制公费出国出境。切实精简会议和文件，特别要减少那些形式重于内容的会议、庆典和论坛。要深入推进政务公开，完善各类公开办事制度和行政复议制度，创造条件让人民批评政府、监督政府，同时充分发挥新闻舆论的监督作用，让权力在阳光下运行。我们所做的一切都是要让人民生活得更加幸福、更有尊严，让社会更加公正、更加和谐。特别是在金融类投资理财市场，管理者要发挥高效的监督和服务职能。

启示 9

"差钱"之时，最值钱

民富国强，是经济社会发展大方向。然而在财富世界，最该注入资金之际可能是最缺钱之时。物极必反、否极泰来，贵出如粪土，贱取如珠玉。差钱之时，最值钱，最艰难时要最坚强，最绝望之时，要最坚信。每逢股市极度缩量盘整、价格一跌再跌，市场交投信心极度涣散、低迷之时，恰是下手做多买入良机。回顾中国股市，以大盘及个股中国一重 601106、中国中车和京东方 A 000725 为例，在6124 和 5178 两次做头的过程中，起步阶段交易量十分匮乏，买卖人气十分低迷。

以大盘沪市为例，大盘在 2007 年 6 至 10 月冲顶期间，周交易量猛增超 10000 达 12000 亿元，而在 2005 年底，周交易量仅有 300 亿左右。在 2015 年 6 月，大盘在冲顶 5178 之时，周交易量突破55000 亿元的历史天量，借着融资融券杠杆的威力，可谓交投十分火爆，而在之前交易低迷之时的 2014 年 5 月，周交易量仅 3000 亿元左右。中国一重、中国中车和京东方，作为个股，时空价量分析，更能说明此理。2014 年 7 月，中国一重股价最低 1.9 元，而到了

2015 年 5 月，不到一年，股价最高飙升至 21.37 元，原因是 2011 年 3 月，日本福岛发生里氏 9.0 级大地震，导致福岛县两座核电站反应堆发生故障，其中，第一核电站中一座反应堆震后发生异常导致核蒸汽泄漏。于 3 月 12 日发生小规模爆炸，冷却水直接引入海水，3 月 14 日地震后持续发生爆炸。在爆炸后，辐射性物质进入风中，通过风传播到中国、俄罗斯等一些地区。由此导致全球长达几年的核能核电产业发展的过度恐慌和低迷。长达三年多的盘整，已经超额释放了核能核电产业的风险，出现了投资或投机的历史性做多机遇。因为，人类要发展，核能核电作为清洁能源，有其他能源所无法比拟的优势特色。中国中车 601766，由于高铁产业已成为中国高端装备制造业的一张靓丽名片，股价从 2014 年 4 月的 4 元多，暴涨到 2015 年 7 月的 35 元。京东方 A 000725，作为后来居上的液晶面板大王，在市场人气低迷之际，备受诟病，2012 年 1 月，股价跌至 1.63 元。而在 2015 年 6 月和 2017 年 12 月，两度冲高至 6 元左右。液晶显示屏作为消费电子产业重要基础性部件，正在走入稳定的上升通道。

市场低迷、股价走低、人心涣散之时，正式管理层政策出炉、大显身手之际。2015 年 7 月间 5178 的出现，正是利好政策叠加共振使然。全景网 2015 年 8 月 25 日讯：中国央行［微博］周二宣布，决定自 2015 年 8 月 26 日起，下调金融机构人民币（6.4112，0.0084，0.13%）贷款和存款基准利率，以进一步降低企业融资成本。其中，金融机构一年期贷款基准利率下调 0.25 个百分点至 4.6%；一年期存款基准利率下调 0.25 个百分点至 1.75%；其他各档次贷款及存款基准利率、个人住房公积金存贷款利率相应调整。自 2015 年 9 月 6 日起，下调金融机构人民币存款准备金率 0.5 个百分点，以保持银行体系流动性合理充裕，引导货币信贷平稳适度增长。同时，为进一步增强金融机构支持"三农"和小微企业的能力，额外降低县域农村商业银行、农村合作银行、农村信用社和村镇银行等农村金融机构准备金率 0.5 个百分点。额外下调金融租赁公司和汽车金融公司准备金率 3 个百分点，鼓励其发挥好扩大消费的作用。其实，此类利好，市场早有政策预期，股市总是先知先觉资金的乐园。所以，市场差钱时，恰是包括管理层在内的各路参与者潜心研发的大好时机，从而，更显出此时的资金等各类信息资源更值钱。资本强，则经济强！经济强，则国强！思路、远见和深度，决定出路！央行该"双降"促成五大利好：1. 利好实体经济，特别是中小企业；2. 受益金融三系，维系中国梦，确保梦想成真；3. 直接刺激中国股市，维稳向好，让国人及世人经历中国资本市场大考；4. 利好国际股市维稳向好，中国经济崛起，威力不可小觑，资本全球出击；5. 有利于提升人民币国际影响力，金融硬实力助推中华民族伟大复兴。

启示与感悟：

人生，宜谋定而后动！先胜而后求战，不可先战而后求胜。历经社会磨砺而收敛、汇聚点滴而成江海，聚集小成而促其大成。行为不可妄动、蛮行，行为真谛是顺势者昌、逆势者亡。市场，永远是一位公平、公正、公事、公理公道、公事公办的好先生、公正的审判官。凡事，预则立，不预则废。先胜而后动，赢在战前，先胜而后战！乐在博弈的全过程之中！其间，万事谋定之后，要不忘初心，要懂得休息、等待、观望、忍耐。手中有股，心中无股。"偷得浮生半日闲，心情半佛半神仙。"时钟来到 2018 年 6 月 1 日，入魔模式正式开启，中国经济崛起势不可挡，我们发现中字头股票有历史性三大叠加优势：一是中国金融业迎来全球布局的大好时机，高铁核能等基建类全球项目，特别是"一带一路"沿线各国将积极与中国洽商，抢占合作先机；二是中国金融三系，携中字头上市公司已大幅调整长达一年之久，其间，相关概念股、题材股、中小创、次新股等已在疯狂演绎换挡之中，给低价蓝筹价值被严重低估的大盘股价值发现、价值重估的时空机遇，大多中字头股票已经跌大半，放眼全球资本市场，金融 + 科技类产品是历来的主战场、主导品、黄金坑，自然会引得投资客纷至沓来；三是质优价廉是第一要义。既含权，又低廉！明眼人必将携巨资蜂拥而至。投资者，投机客，当积极看过来！特别是目前。时间已来到 2019 年 3 月 20 日，科创板和注册制双轮驱动正向纵深挺进。市场给我们的机会大于风险！主板、创业板都到了历史性差钱且最值钱的投资良机。"越是艰险越向前"！创业板欲吸引投资者眼球、继续前行，活力将再现，但还需借助"主板"营造大势！"双赢""多赢"的局面，才是主板和创业板的生命主线！切记，买入时，力戒太贪、求低廉，不求买到最低，只求买到心里！不求卖到最高，只求钱到手里！世上的钱是赚不完的，手中的钱也是赚不够的！要且战且珍惜。我们只要用心努力去研究分析，心里就安逸。理财的最高境界，就是内心的从容与淡定。

启示 10

股市是战场，又是大课堂

回忆 2007 年和 2015 年两次大顶走势过程，我们深有感触。当时恰逢股票全流通政策推出赠送红股利好，及全国喜迎 2008 年北京奥运会盛事，两大超级利好共振叠加，加之 2008 年我国政府实施 4 万亿元人民币经济刺激计划，以确保我国经济平稳增长。政府的这一举措市场解读为既是促进经济增长的"有形之手"政府的积极作为，又是属于积极的财政政策，对市场资金需求的积极反应。

以中国联通为例，2006 年底之际，股价仅 2.5 元左右，全流通股改推出 10 送 2.8 股，有位煤老板抓住了这一历史机遇，在 2.5 左右买入 300 万股，并获赠 84 万股增股，共计 384 万股，到 2007 年年底，该股飙升至 12 元左右，这位煤老板在 6 元至 10 元期间疯狂减持，按平均 8 元清仓，384 万股 × 8 = 3072 万元，减去投资成本 750 万元，获净利 2322 万元，可谓获利丰厚。由于本人当时在邮市博弈，没有大量介入此轮行情，错失此轮赚钱机会，但其中经验教训值得所有局内和局外人士深刻反思。

2015 年 7 月间的 5178 点大顶之前，山雨欲来风满楼。2013 年初，融资融券已推出将近三年。2010 年 3 月 30 日，上交所、深交所分别发布公告，将于 2010 年 3 月 31 日起正式开通融资融券交易系统，开始接受试点会员融资融券交易申报。融资融券业务正式启动。而到 2013 年，融资融券市场渐成气候。本人当时，市值仅约 30 万元，加上一倍杠杆，可以按 60 万元资金去运筹，目标直指可融资个股，如中国一重，当时股价仅有 2 元左右，本人分批买入大约 20 万股，在迅速拉升至 4 元左右之际，开始分批减仓卖出，直到 20 元左右，仍留有部分底仓，获利丰厚。目前，时钟走到 2018 年 6 月，中国一重徘徊在 3.5 元左右，本人认为，大国崛起，清洁能源、核能核电及高端装备制造业，属大国重器，必有后发优势，高科技 + 高端装备制造业是一个国家强大的必备重器。

作为社会大学永久的在校生，我们当好好学习、天天向上。做好扎实功课。就拿融资融券为例，本人收益颇丰。融资融券又称"证券信用交易"，是指投资者向证券公司提供担保物，借入资金买入证券或借入证券卖出的行为。包括券商对投资者的融资、融券和金融机构对券商的融资、融券。融资是借钱买证券，证券公司借款给客户购买证券，客户到期偿还本息，客户向证券公司融资买进证券称为"买多"；融券是借证券来卖，然后以证券归还，证券公司出借证券给客户出售，客户到期返还相同种类和数量的证券并支付利息，客户向证券公司融券卖出称为"卖空"。我们应该从融资融券政策表面，去分析研究获取管理层对市场走势的积极做多搞活意图。所以，到 2014 年、2015 年，各类场外配资，合规不合规的融资机构疯狂涌入，助推大盘从 2000 点左右，狂飙升至 2015 年 7 月的 5178

点。更有趣的是，本人恰逢学校开发教师住宅楼，责成住房预定教师按合同分期缴纳购房房款，从 2013 年下半年首批房款，到 2015 年第七笔房款，均是采用融资做多买入股票，再获利分批卖出，以确保决对安全收益，以缴纳房款为目的，100 多万元的房款，就这样，分七笔缴纳完毕。虽然，学校财务几次催促警告，拖欠缴款有滞纳金罚款，三次拖欠缴款滞纳金共计约 6000 元，而每次缴纳房款及滞纳金之时，财务人员都表示遗憾和不理解，而我只是很诡秘地一笑了之。后来，与相关人员分享此事时说，理财市场真是令人震惊，还要且战且珍惜！用 6000 元的滞纳金，斩获约 800000 元纯利润，还是相当值得！算是一场出奇胜战。产品目标历经中国一重、京东方、浦发银行、光大银行、潍柴动力等多只融资标的股。

在此，想和朋友们分享的内容是，如何抓住涨势旺盛的好股。

一、要学会找到市场热点

中国的 A 股分为两种，一种叫资金市，一种叫政策市。国家出什么政策，对应的板块和概念就会随之大涨，这叫"政策市"；市场主力资金运作哪个板块个股，哪个板块个股大涨，这就是"资金市"。只要懂得跟随这两个原则，炒股就能赚到钱。其实就是知道国家政策，在这个信息时代，只要随便翻一翻市场评论，当前政策扶持什么板块、市场热点在哪些题材、正在热炒的是哪些概念，就能一目了然了。没有无缘无故的涨，也没有无缘无故的跌，很多朋友买股票都是看这个股的走势如何，但是走势仅仅是一种外在的体现，我们需要知道的是它为什么涨，为什么跌，找到市场热点了，自然是具备了一定的胜算，所谓先胜而后求战。

二、要学会长远分析

尺有所短，寸有所长，长有短、短有长。看长者做短，做短者看长。所谓长远分析，其实就是了解国家政策的发展方向，例如，前段时间的可燃冰、自主创新芯片技术等，及新能源行业、特别是新能源汽车，都是未来必定发展的。可能这样说你们很难理解，举几个例子：当我们看见霞客环保涨停板，立即就想到是国家治理雾霾的消息刺激，看见招商证券涨停板，马上明白是暂停 IPO 带来的利好，后来国家设立"上海自贸区"我马上感到这是国家战略，行情力度绝对可以期待，随后向朋友们推荐了上海物贸、浦东金桥，后来都收获满满的涨停板，当国家设立"东海识别区"的时候，我第一时间告诉朋友，密切关注航天长峰、中国卫星等几只军工股票，后来都涨停了。看到这里大家应该明白，能赚钱，是因为我们能及时抓住新闻热点，并且有较高的敏感度，这都是因为长时间的了解和研究国家政策对股市的影响。有所研究，更要有所行动，诱兵探路、出其不意、攻其不备。

三、价值投资至关重要

价值投资，要正确分析上市公司、股市动态和自我约束三大要素。首先，要对上市公司有个比较全面的解读。从巴菲特价值投资理论来分析，发掘一个好的上市公司，对公司的内在价值有个充分有效的分析，要通过以下六大法则分析获取：

第一法则：竞争优势原则。好公司才有好股票：那些业务清晰易懂，业绩持续优秀并且由一批能力非凡的、能够为股东利益着想的管理层经营的大公司就是好公司。第二法则：现金流量原则。价值评估既是艺术，又是科学。企业未来现金流量是否充裕十分重要、具备赚钱能力最重要。巴菲特主要采用股东权益报酬率、账面价值增长率来分析未来可持续盈利能力的。第三法则："市场先生"原则。在别人恐惧时贪婪，在别人贪婪时恐惧。市场中的价值规律：短期经常无效但长期趋于有效。第四法则：安全边际原则。安全边际就是"买保险"：保险越多，亏损的可能性越小。第五法则：集中投资原则。把鸡蛋放在一个篮子里，你只要仔细地看护好即可。有规模，才能有规模效益。但这主要看你是否已经具备可靠的信息资源来做支撑。集中投资最优秀、最了解、最小风险、最安全、最廉价。第六法则：长期持有原则。长期持有就是龟兔赛跑：长期内复利可以战胜一切。

对股市动态分析和自我管控能力的分析，同样十分重要。要仔细分析公司的过去、现在和将来，要仔细分析公司动态发展与国家的政策导向之间的相互关系，要考虑这种关联度的超前性和滞后性，以及应时应验的力度性和行业的联动性。要明确价格走势的周期性和波段性。对自我决策管理，要提前制定好相关纪律和杠杆指标，按纪律和规矩办事，不可放纵自己肆意妄为，要有理性的思维方式和自我克制的管控定力。既不迷信媒体或名人消息，也不可迷信自己，兼听则明、偏信则暗。最重要的是，通过实践来检验自己的所思所想、所作所为。

四、要懂一定技术要领

股市投资炒作，要注重基本面、技术面和心理面三管齐下。在对上市公司正确分析的基础上，要对技术层面精益求精，重点关注MACD、KDJ等技术数据的走势、精准分析，要结合心理面及消息面，对分时线、日线、周线及月线，有个相互制约的分析把控，金叉死叉、真死假死等状况，有个合理的判断和预期目标。也借助一些操盘软件工具，获取强大而复杂的数据分析，比人分析的要精准，而且现在的软件带有"一键看涨停""买卖提示"等功能。有时候新手不会分析，不会找涨势旺盛的股，那用软件看提示就可以。那稍微有点经验的朋友，借助软件就更精准了。

五、炒股要多看多学

奉劝大家多看报纸新闻！多看报纸新闻！多看报纸新闻！重要的事情说三遍，多关注报纸和新闻是最直接的办法，最经济、最有效。炒股赚钱，其根本目的是丰富我们的人生价值。国家的一举一动、新出台的政策，都会在新闻里，你只要多看，多观察，以后慢慢就拥有敏感度了。现在的股民都有一个毛病，喜欢花钱买教训，不喜欢花时间免费来学习，虽然有时需要花钱买书或资料，但大多是不需要花钱，只需要花时间都不愿意，有些学习班也可以有选择地去关注，不知道为什么形成了一种"上课、学习没有用的"奇怪心态、只想闭眼买股，睁眼赚钱，没有无缘无故的成功。在股市亏了几万几十万没什么，宁愿继续相信小道消息，不愿主动积极开动脑筋，也不愿意自己多学。但是一个至死不变的真理，就是只有自己学到的技术和本领，才真正是你的东西！善学、多学、多练是成功最快的捷径！我们既然都离不开财富世界的历练，我们作为没有毕业季的永久在校生，只有不断地从社会大学中，与时俱进、勤于拼搏、敢于拼搏、善于拼搏、乐于拼搏，才能取得超常收获。

启示与感悟：

股市，是战场，因为这里充满战前的运筹、战时的灵动、战后的经验教训！战前，危机四伏、诱惑满满、真假难辨、进退两难！战时，硝烟四起、穷魔乱舞、道高一尺、魔高一丈、潮起潮落！战后，狂潮退去、满目狼藉、成功失败、输赢功过、心态静默。投资者如何看待危机？不冒风险，是打不了大仗、胜仗的！但要将风险降到最小，小到自己能够承受被套压力、能够磨砺智慧、锻炼身手即可！偶尔可以吃败仗，但不能总打败仗！钱，是赚不完的，但是，如果不用心筹划、琢磨，钱再多，早晚也会消耗殆尽、弹尽粮绝！如果总打败仗，不如及时休战，或干脆退出战场！说股市又是大课堂，股市是社会大学的一个二级学院、一个系或一个专业，这所大学没有毕业季，我们都是学生，都是在校生，而且是没有毕业季的长期在校生，因为，我们的生命离不开财富的消耗，直到生命的终止。是学生，就该主动认真学习、仔细听讲、多做作业、巧做安排，博闻强记，要认真解读相关信息，善于做出不同预测，对于自己不同预测，还要及时制定相关应对预案！有时，赚钱，是很快的，但快钱，不好赚！要注意思想和行为朝前看！备战，要有预期性，应战更要有预期性。而应战时，更要做好随机应变的应对策略。沉舟侧畔千帆过，病树前头万木春！前方更有迷人景色！劝你做股票波段行情！大波段，5 到 10 年，中波段，3 到 5 年，小波段，3 年以下，小波段，大都小到 1 年、2 年，甚至短到一两个月、几天不等，一般不要频繁买卖，搞坏心态！有时还要有意添柴、扇阴风点鬼火、兵不厌诈、诱兵出击等灵活小计谋。尤其假使你还有固定工作，那就最好做中小波段！耐心长期持股待涨为主。如此来做，获利往往是以几倍翻番来计算！运筹帷幄，利在长远！平时多做作业、练好基本功，赚钱，也就很自然了。

启示 11

热钱善思善动

近年来，我国股市、楼市均出现过不正常的较大幅波动，给我国经济的正常运行带来了较大的影响和冲击。国内学术界基本认同国际热钱流入是其主要原因之一。

热钱流入首先对一国经济造成推波助澜的虚假繁荣；其次，热钱大量流入加大外汇占款规模，影响货币政策正常操作，扰乱金融体系的正常运行，致使货币政策主动性不断下降，货币政策效果大打折扣，增加了通货膨胀的压力。改革开放初期，特别是1992年之后的十几年间，我国经济增长进入一个高速增长的周期，GDP年均增长都超过或接近两位数，并带动了房地产市场和证券市场的繁荣，各类资产价格不断膨胀为大量境外热钱涌入我国逐利提供了机会。热钱大量流入我国，首先严重冲击我国经济的发展。近几年大量热钱以隐蔽的方式流入中国，为寻求高额利润四处流窜，主要攻击目标是国内房地产市场、股市、债市和期货市场等，对经济健康发展是一种不可忽视的威胁。近年来，国内楼价脱离实际价值飙升，与热钱不无联系。期货市场中燃料油、煤炭、钢材、期铜等价格的大幅涨跌波动，也明显可见热钱的身影。但热钱终究不是有效资本，进入我国就是为了牟取暴利，撤走之后将会引发股市、楼市大跌，增加了国内金融市场的不稳定性。

近几年，中国对外贸易、吸引外资势头强劲，国际收支出现较大顺差，增大了人民币汇率升值的压力。与此同时，美、欧等西方国家对华贸易逆差较大，其国内经济又不景气，便极力鼓吹人民币快速升值、大幅自由升值，企图压制中国出口，转嫁困难。近年来，中国外汇储备大幅增长，让美、日等国抓住口实，竭力鼓吹人民币升值。在这种情况下，热钱不断流入中国投机套利，使国家外汇储备的数量、规模剧增，既给美、欧、日等国鼓吹的人民币升值论提供了直接支持，增大了人民币汇率升值的压力，同时，又进一步扩大了人民币升值预期，使中国现行的汇率制度受到严峻挑战。

热钱流入，增大了中央银行宏观调控的难度，不利于货币政策的制定和实施。在我国资本项目仍然管制的条件下，热钱的影响主要表现在对汇率的冲击上，央行为了保持汇率稳定，在热钱不断涌入的情况下，不得不大量买入外汇资金，货币供给大大增加。另一方面，为了抑制热钱的流入，加大其成本，需要压低人民币利率。两者的结果使得市场上的流动性大大增强，这又有可能造成通货膨胀和经济过热。为保持汇率稳定，国家必须购买交易市场上溢出的外汇，在外汇管理局账目上的对应反映就是外汇占款。

作为一种金融资产，外汇储备的增加无异于投放基础货币，外汇占款的增加直接增加了基础货币供应量，热钱进入国家外汇储备越多，人民币的发放增长就越快。再通过货币乘数效应造成货币供应量的大幅度增长，使得流通中的人民币迅速增多。这不仅增大了国内通货膨胀的压力，而且弱化了央行对货币供应量调控的能力及效应，不利于央行宏观调控目标的顺利实现。

热钱流入极易造成金融动荡或金融危机。如 1997 年爆发的东南亚金融危机，在以索罗斯为首的国际热钱——"量子基金"冲击下，泰国被迫宣布泰铢大幅贬值，并废除泰铢与美元的固定汇率制实行自由浮动，使泰国陷入金融危机之中。受全球金融危机的影响，部分热钱撤出了我国，但并不排除重新流入我国的可能。因为在新兴市场中，中国仍然是全球最具活力的经济体之一，加之近期欧美金融危机已开始缓和，美欧政府的大幅注资和信用担保也有效地缓解了金融机构的流动性短缺。随着金融海啸两度潮起潮落，以及金融领域"去杠杆化"的结束，还将会渐趋形成新的金融风暴及新型金融衍生品和杠杆化，国际热钱势必将再次流入新兴市场。特别是当前去杠杆进程已经进入尾声，MSCI 明晟指数已开始进入中国股市投资人视线，加上中国 2020 年前后，诸多重大经济和政治目标的不断实现，一场新的更大级别的热钱正在涌动聚拢之中。对于普通股票及金融市场投资客，应当积极面对热钱流动，并深入分析研究，熟悉热钱流动特点，是每位投资客必须面对的一堂金融世界财富博弈的必修专业课。

热钱（Hot Money），又称游资，或叫投机性短期资金，热钱的目的在于用尽量少的时间以钱生钱，是只为追求高回报而在市场上迅速流动的短期投机性资金。热钱的目的是纯粹投机盈利，而不是制造就业、商品或服务。目前，人民币存在升值预期。当国外资本判断人民币将会升值时，他们可以提前将外币兑换成人民币，在人民币升值之后可以用较少的人民币换取更多的美元，赚取人民币升值的好处——汇差。另外，目前中国通胀压力很大，存在加息的预期，同时，美国利率较低，他们可以将由外币兑换的人民币存入银行，赚取利差。汇差和利差所带来的收益，在全球市场动荡的背景下，是风险很低的收益，所以，国外资本通过各种途径进入大陆境内。多数国家因为金融危机，经济下滑，出口下降，货币贬值，所以，热钱大量进入中国，如果这时人民币升值，就能获得升值带来的汇率差，再把人民币换成他们的本国货币，就能换得更多。这个时候就撤退，热钱外流，中国经济就会陷入流动性不足，经济下滑。而财富被外国掠夺走了。所以，凡是在中国拥有资产的国家都希望人民币升值。

如果人民币不升值，那么，外国在中国的热钱就会被套牢。所以，热钱经不起长时间等待，外国人本来就是看准了人民币升值所以用他们的货币换人民币，等人民币升值再撤出，如果时间过长，他们自己的资金链就会断裂。所以，必然会竭尽所能要求人民币快速升值。比如，一个美国人拿着 10 万美元来中国，换得人民币 70万。大肆挥霍，花掉十万，如果人民币升值了，他就能拿剩下的 60万人民币换 10 万美元。那么，他一分钱不花就在中国过着神仙的日子。因为货币只是个符号。物品、高质量生活及劳务才是真正的财富。

热钱具有以下"四高"特征：

1. 高收益性与风险性。追求高收益是热钱在全球金融市场运动的最终目的。当然，高收益往往伴随着高风险，因而热钱赚取的是高风险利润，它们可能在此市场赚而在彼市场亏、或在此时赚钱而在彼时亏，这也使其具备承担高风险的意识和能力。

2. 高信息化与敏感性。热钱是信息化时代的宠儿，对一国或世界经济金融现状和趋势，对各个金融市场汇差、利差和各种价格差，对有关国家经济政策等高度敏感，并能迅速做出反应。在互联网信息全球化共享的氛围之下，热钱流动总会有很多预期征兆，不得不查。

3. 高流动性与短期性。基于高信息化与高敏感性，有钱可赚，它们便迅速进入，风险加大则瞬间逃离。表现出极大的短期性，甚至超短期性，在一天或一周内迅速进出。

4. 投资的高虚拟性与投机性。说热钱是一种投资资金，主要指它们投资于全球的有价证券市场和货币市场，以便从证券和货币的每天、每小时、每分钟的价格波动中取得利润，即"以钱生钱"，对金融市场有一定的润滑作用。如果金融市场没有热钱这类风险偏好者，风险厌恶者就不可能转移风险。但热钱的投资既不创造就业，也不提供服务，具有极大的虚拟性、投机性和破坏性。

国际热钱来得快，去得也快，首先它推动了流动性发展，导致中国目前的通货膨胀，并且在持续。它推动了中国 2007 年股市和房地产市场的畸形发展. 由于带来的高利润，吸引了更多的国际游资涌入中国市场追逐利润。2015 年 7 月，股市摸高 5178 点，就是当时疯狂的场内杠杆和场外自由配资热钱助推的结果，特别恶意做多，包括股市财务造假、邮币等文化市场电子盘主力脱离实物价格，恶意自我买卖，疯狂做多或疯狂做空，最终结果，大潮退去，一片狼藉，而极少数善于急流勇退者赚得盆满钵满。

启示与感悟：

热钱，应当热用！所以，监管部门，应审慎运用"资本特性"，善待"热钱个性"。如果给"资本人性化"来个自画像，可以这样说，我的主人，我是你的资本，我是你钱袋里的钱，你要善待我，要用智慧和勤奋使用我、呵护我、善待我，按市场规律运营、管理我、分配好我，使用好我，如果你"愚昧、冲动、恶意"等肆意妄为，我会让你"一败涂地""毫厘不予"！希望你，我的主人，你要"善运筹、多思索、尚耕作"，逐步积累"智慧硕果"，那是我至高无上的"荣耀与收获"！

启示 **12**

中国股市"温柔赌性"

中国股市内敛含蓄温情舒缓，不失其以获利为目的的资本投机赌性。冰冻三尺非一日之寒。中国股市的温柔赌性，体现了中国历史民族文化的深远影响。财不入急门，福不走偏门。细水长流，才能长久，不见兔子不撒鹰，集腋成裘，积沙成塔，海纳百川，积小流才能成江海，这些古训警语，都是中国深厚的人生哲理，更是股市等投资理财的锦囊妙计。

中国股市经过近 30 年的风雨洗礼，乘从高速发展向高质量发展之强劲东风，正吸引大批投资客进入该领域，特别是国内外有关金融机构及广大年轻人的不断参与，正是在仔细研读着中国股市的"温柔赌性"，也就是人们常说的"牛短熊长"特点，导向思路就是要深刻认识中国金融市场的历史脉络和政治特色，来把握其厚积薄发的持久战术，说明其市场价格走势，集中体现在时空的超前性和滞后性两个方面。

以 2013 年至 2015 年，沪市大盘从约 2000 点升到 5178 点，又做头跌至 2638 点为例，其间，充满了管理层政策变化及广大投资客心路历程的纠结与困惑，其时空的超前性和滞后性在价格走势上均清晰可见。无论是以时间换空间，还是以空间换时间，均体现了其缓慢反复的预期性，说得高调一点，多方倡导坚定理想信念，对未来充满信心，而空方大肆宣泄后市将惨淡无光。说得低调一点，就是拿资金赌明天，即涨赚钱，跌赚股。股价涨时，多方以赚取金钱为主，股价跌时，空方以赚取更多廉价筹码为目的。但关键是，任何人都无法精准判定，涨时何时到顶，跌时何时到底，也有很多顶底理论方面的名家和书籍，我们这里突出从政治特色和人文习俗方面来加以解读。中国股市是政策市，中国股市中，散户占有加大比重，这是中国股市最基本特色，那就应该从国家政治高度以求稳为主出发，突出缓慢、稳健、安全、可持续性之温柔属性。而广大散户出于对党和国家权威的信任，也应在操作行为上体现"不急不躁"之温柔属性。

我们就以温柔心态，从政策层面和散户心理层面来分析解释这次大起大落的脉络走势。2013 年年初，经过多年准备筹措，国家决策推出融资融券业务，融资融券又称"证券信用交易"，是指投资者向证券公司提供担保物，借入资金买入证券或借入证券卖出的行为。刚刚推出，人们对管理层这种导向性政策的认知是，国家鼓励广大民众积极参与股市运作，以此来支援国家经济建设。包括券商对投资者的融资、融券和金融机构对券商的融资、融券。融资是借钱买证券，证券公司借款给客户购买证券，客户到期偿还本息，客户向证券公司融资买进证券称为"买多"；融券是借证券来卖，然后以证券归还，证券公司出借证券给客户出售，客户到期返还相同种类和数量的证券并支付利息，客户向证券公司融券卖出称为"卖空"。我们应该从融资融券政策表面，去分析研究获取管理层对市场走势的积极做多搞活意图。当时，融资融券实施的结果是，市场过度地给予了积极的解释，并被场外资金配资大佬和机构疯狂利用所致。所以，到 2014 年、2015 年，各类场外配资，合规不合规的融资机构疯狂涌入，助推大盘从 2000 点左右，狂飙升至 2015 年 7 月的 5178 点。由于，融资杠杆过大，导致大盘暴跌时，有强制平仓现象出现，出现了许多如跳楼、自杀及讨债还款矛盾激化的社会动荡问题。特别是当时，火上浇油，还推出"熔断"机制，致使大盘快速跌至 2016 年 2 月的 2638 点附近。本人恰逢学校开发教师住宅楼，责成住房预定教师按合同分期缴纳购房房款，从 2013 年下半年首批房款，到 2015 年第七笔房款，均是采用融资做多买入股票，再获利分批卖出，以确保决对安全收益，以缴纳房款为目的，一百多万元的房款得以顺利全部交清，其心路历程，就是仔细分析了当时政策及社会反响，有过急或超前预期所致。当且战且珍惜，细水长流，已获利丰厚，再不可过分滋生超值预期性的妄想。坚信，市场已呈现混乱迹象，政策层面一定会出面加以制止。但熔断机制，致使市场的政府行为又有过激反应，所以，在 2638 之际，当果断分批加仓，因为，国家经济社会的基本状况没有根本性改变，还应以循序渐进的方式，温柔地实施买卖策略，之后炒作法则是，大涨，小卖，越涨越卖；大跌，小买，越跌越买，还要紧跟形势，尽可能少做融资融券业务，因为，政策层面是，去杠杆还在进行中，但本人认为，去杠杆已进后程或尾声，同时，也在酝酿着下一轮大盘更加稳健的攀升。

启示与感悟：

不急！不急！投资客应当以淡定的心态和从容的操作行为，来积极应对市场的走势。还要切记，金钱与各种财富乃身外之物，身体和健康最重要，人生内心的从容与淡定，才是我们要更加多多关注的最最亮丽的风景。当今世界，市场营销，要注重方方面面，特别是政治力量对市场变化的影响已达到空前的力度，投资者对国家政府，特别是相关政策解读与把控，显得弥足珍贵，对其导向性、超前性、滞后性及试探性，要留有充足的准备时间，来加以分析研究。凡事，预则立，不预则废。涨赚钱，跌赚股，以价值投资为主，货比三家，事比三样，勤耕耘，善收获，细水长流，积少成多，集小成，而成大事。

启示 13

股市是经济的晴雨表

本人有三个基本坚定认识：一是股市是经济的晴雨表；二是股市走势对经济现状反映有滞后性和超前性预期；三是股市对经济现状的认知具有尝试性。

股市潮起潮落，总是在折射着当时的经济状况和政策脉络。2015 年的"新改革、新机遇"下的股市走势，就集中体现了这些认识。2013 年 11 月 25 日，中国证券报、中国财富论坛在香山举办了一届题为"2014 中国新一轮改革行情的起点"的高峰论坛。报道称，11 月 23 日，在以"新改革、新机遇"为主题的香山·中国财富论坛年度会议上，与会专家表示，全球经济正呈现台阶式复苏，十八届三中全会释放出的一系列改革举措，将对未来十年中国的改革与发展产生深远影响。预计 2014 年我国经济增长、物价和就业形势稳定，随着金融改革力度加大，证券市场的改革行情值得期待。

中投公司副总经理兼首席投资官李克平指出，一方面，随着全球经济的复苏和 QE 政策的退出，全球市场逐渐回归正常化，而新兴市场受金融危机的后发影响正在显现。全球主要国家财政、货币、劳工就业政策都着眼于危机后的平衡修复。另一方面，美国、欧洲市场利率从长达 30 年的利率下行和低利率时代进入上升时期，大宗商品周期结束，对重仓投资者影响重大。各国都把就业率作为决定宏观政策取向的导向型指标，人口老龄化趋势加快并推高相关产业的估值。此外，2008 年金融危机以来，各国都加强了对资源的控制和对国家安全的考虑，这些将在全球范围内对投资产生深远影响。

新一轮改革和科技创新则将为经济增长提供充足动力。民生证券首席经济学家邱晓华表示，三中全会提出的市场配置资源、保护产权、发展混合经济、鼓励员工持股、加大金融改革力度、城乡一体化和农村土地流转等一系列改革举措，将对未来十年中国的改革发展产生深远影响。中国移动研究院院长、首席科学家黄晓庆提出，移动互联网正为企业信息化提供全新思维方式，互联网成为企业获得订单和进行客户服务的重要平台，越来越多的制造业企业将充分利用互联网技术成为轻资产企业。

在此背景下，国内资产管理业走到重要转折点。全国社保基金投资部主任詹余引认为，过去几年来，资产规模已经超过十万亿元的信托产品刚性兑付机制和风险管控能力，以及保险债权计划等非标资产投资，对场内投资为主的传统资产管理行业已产生巨大冲击，这一趋势是否继续下去值得资产管理行业高度关注。来自信托业的四位负责人同时表达了对信托资产虚幻繁荣的担心和对资产证券化、融资租赁等创新业务的憧憬。上信资产管理公司总经理刘响东认为 2014 年房地产市场应该没有大的问题，华夏基金副总经理张后奇认为 2014 年将是中国养老金融市场步入快速发展的重要起点。

与会专家认为，围绕 2014 年股票市场行情，与会代表则观点交锋激烈，分歧较大。明年经济增长平稳、物价水平稳定，改革力度加大，改革红利释放的投资机会将带来新行情。今年以来成长性股票的一轮持续上涨行情基本结束，IPO 注册制对市场压力不容低估，2014 年策略上应该谨慎投资，追求绝对回报为上。

论坛理事长范勇宏指出，2014 年无疑将是中国全面深化改革的元年，一系列改革举措必将对中国资产管理行业乃至全球投资产生重大影响。一方面全面深化改革令人鼓舞，由改革带来的投资机遇令人振奋，另一方面又要清醒地认识到，改革面临很大挑战，涉及方方面面的切身利益，对资本市场发展将产生深远影响。对此，机构投资者要有充分准备。香山论坛要顺应中国改革开放新的历史形势，在利率市场化改革加快的大背景下，全面分析金融市场发展变化趋势，研究投资领域重大问题，促进中国机构投资者和资产管理行业健康发展。

从理论逻辑上分析，作为经济社会晴雨表的股票市场，最大特色就是揭示出上市公司股价涨跌对宏观经济基本面反映的超前性和滞后性。

众所周知，宏观经济对股市行情影响至关重要，反映宏观经济的指标如国内生产总值、工业增加值、失业率、通货膨胀、国际收支、投资规模、消费指标、金融指标、财政指标等的变动，都会对股市产生影响，那么，宏观经济对股市行情的影响有什么特点，投资者如何把握宏观经济对股市行情的影响，以提高投资的准确性，接下来就简要谈谈宏观经济对股市行情影响的特点。

一、宏观经济因素对股市影响的超前性

宏观经济因素对股市影响的超前性主要表现为以下几个方面：

1. GDP 的变动。从长期看，股价的变动与 GDP 的变化趋势是吻合的，但不能简单地认为 GDP 增长，股市必将伴之上升的走势，必须将 GDP 与经济形势结合起来进行考察，一般说来，持续，稳定，高速的 GDP 增长，证券市场会呈现上升走势；高通货膨胀下的 GDP 增长会导致证券市场行情下跌；宏观调控下的 GDP 减速增长，证券市场将反映出平稳渐升态势；转折性的 GDP 波动，反映新一轮经济高速增长来临，证券市场伴之以快速上涨，反之也是这样，但是，由于证券市场一般会提前对 GDP 的变动做出反应，实际上证券市场是反映预期的 GDP 变动，所以，分析 GDP 的变动，必须着眼于未来，即把握它的超前性。

2. 经济周期变动。在扩张和收缩的交替过程中，当经济持续衰退至萧条时期，投资者已远离证券市场，有眼光而且在不停收集和分析经济形势的投资者已在默默地吸纳股票，股价已缓缓上升，萧条过去，经济日渐复苏，股价已升至一定水平；反之也是这样。因此，投资者要把握，经济周期性运动中，股价伴随经济周期相应地波动，但股价的波动超前于经济运动，要认清经济形势，不要被股价的小涨、小跌迷惑。

3. 通货变动。通货膨胀会导致货币贬值，企业成本增加，效益下降；同样，通货紧缩会导致经济衰退和经济萧条，使企业效益下降，居民收入降低；证券市场行情下降，投资者的信心受到影响，使股价持续下跌。所以，投资者必须认清形势，把握时机，以规避损失。实际上，证券市场行情的变化，主要取决于投资者的投资信心，投资者看好未来经济形势，就会采取吸纳股票，如大多数投资者都看好时，此时，股价已很高了，收益小了，风险却增大了。

二、经济政策和宏观调控手段的滞后性

国家宏观经济政策对宏观经济走势的影响很大，从而对证券市场产生重大影响。

1. 财政政策。是政府依据客观经济规律制定的指导财政工作和处理财政关系的一系列方针，准则和措施是市场经济条件下干预经济的一项手段。主要手段有国家预算、税收和国债。积极的财政政策可以通过减少税收，降低税率，扩大减免税范围；扩大财政支出，加大财政赤字；减少国债发行；或增加财政补贴等手段，达到增加积极实体的收入，提高企业利润，或加大流入股市的资金等促使股价上扬。紧缩财政政策的效应刚好相反。

2. 货币政策。是政府为实现一定的经济目标所制定的关于货币供应和货币流通组织管理的基本方针和基本原则。货币政策工具主要有：法定存款准备金率，再贴现政策和公开市场业务，松的货币政策通过增加货币供应量，降低利率，放松信贷控制，达到增加社

会总需求，从而使股价上升，紧的货币政策刚好相反。

3. 财政政策和货币政策影响的滞后性。不管是财政政策还是货币政策，它的出台意味着经济状况存在着问题，需要而且必要进行调控，为了达到调控的目的而采取的措施。因此，政策或调控措施的出台，说明了经济运行问题并没有解决，经济还处于原有的运行通道，要达到目标需要一个过程，在股市中表现为滞后性。实际上，近年来，我国央行多次下调利率，对股市来说是个利好，但是股价不一定上升，有时，不升反降，就是这个道理。总之，投资者在证券投资中，除了要把握技术层面，还要及时了解经济运行状况。俗话说，选股不如选时，及时把握经济运行状况，顺应股市潮流，及时规避风险，才能获得好的投资收益。

启示与感悟：

改革开放走到 2019 年，已历经 40 年，具有历史性跨越的 40 年来，城乡居民生活由温饱不足到总体小康并向全面小康迈进，人民群众得到实惠最多、生活水平提高最快。改革开放以来的这 40 年，党和政府交出了一份沉甸甸令人满意的民生"答卷"，越来越多的群众得以共享发展的成果。过去的 40 年是辉煌的！今后将更加辉煌！必将给世界带来更大震撼！2019 年至 2049 年，我们的眼光应该远眺至 21 世纪中叶，正好是中国改革开放的 70 周年之际，届时，中国人民将迎来新中国成立百年华诞盛典！我们坚信，党中央、国务院必将携全国各族人民乘"中国梦"之强劲东风，有能力、有智慧带领所有海内外华夏儿女，同舟共济、风雨兼程！

中国人民必将以百倍干劲迎来和开创又一个轰轰烈烈的改革开放大潮！再书壮丽画卷！中华民族伟大复兴一定要实现！中华民族伟大复兴一定能够实现！

启示 14

良好心态也是财富

　　智慧决定思路，思路决定出路，出路决定财富。小富靠技能，大富靠品行。心态决定成败，心态摆正了、平和了、淡定了，即使一时一事的失败，也是为自己赢得了反思的机会，也是某种成功，心态不好，即使是一时一事的成功，也可能是日后惨遭失败的一个开始。我们从以下几个词语的解读中，来参悟不同心态路径的深浅与远近。

　　一、"心"字简单，是因为人心复杂，复杂到不知道如何来写它，于是用简单的几笔来代替。所以，一颗简单的心最难得。"心"字有一个弯钩，说明心常常是"弯"的，而不是直的，难得一眼见底，里面往往藏着计谋、陷阱和圈套。更有时，一颗善良的心，由于时空所限，无法用语言或行为来表达你的朴实、仁厚和坚毅，总想着，好儿女努力打拼，终有报答父母养育之时，然而，父母盈盈之情、拳拳之意，无需你有多少钱物给予，双方真情实意皆埋在心底。所以，一颗正直的心最难得，一颗善良的心只有天地可鉴。想当初，亲需养，而子不能，看如今，子欲孝，而亲不在，痛彻心扉，复杂心情，溢于言表。"心"字里不是一"点"，而是三"点"，说明一个人的心里点子多、想法多、思路多、目标多、梦想多，朝三暮四，三心二意，很难做到一心一意。所以，一颗专注的心最难得。

二、我觉得"海绵"这个词很有意思，为什么词前冠之以"海"呢？我想，那是为了说明海绵这种物质吸水力极强，哪怕是给它一片大海，它也能吸纳进去。海绵吸水力强，但如果海绵吸水饱和了，就是给它一片海，它也无法从海水中吸纳一滴。从人的欲望来讲，人心极像海绵，吸纳力强，占有力强，但海绵懂得"够"，懂得满足，如果够了、满足了，就是一片大海从它身上流过，它也能做到滴水不取。而人心能做到吗？知足常乐，为人做事，奋斗不可少，赚钱不厌多，且战且珍惜，否则，有命赚钱，无心花钱，视若海绵，如果肚量、能量及存量已近饱和，可将海绵存水挤出，用于清洗脏污、育花浇树，以滋生命。唯此，循环往复，不亦乐乎！

三、"患"字，上面是一个"串"，下面是一个"心"，连起来就是一"串"的"心"，也就是心多的意思。这个"患"字告诉我们，心多不是好事。心多不是好事，主要表现如下：一个不能"一心"对待得失的人，这也想要、那也想要，这也怕失去、那也怕失去，怎么不会心生忧虑呢？一个不能"一心"对待做事的人，这也想做，那也想做，三心二意，怎么可能做成事呢？一个不能"一心"对待别人的人，对别人总是多疑、猜忌，不做坦荡荡的君子，而做长戚戚的小人，怎么会是一个健康的人呢？多心者多虑，多心者多疑，然而，在行动之前，可以运筹帷幄，洞悉各种状况和预期，而一旦出击，当专心致志，脚踏实地，所谓不忘初心，方得始终。

四、我曾问一位锁匠，他能否设计出一把让人打不开的锁。锁匠说，他无法做到，而且世界上所有的锁匠都无法做到。我问为什么。锁匠问，锁是用来做什么用的？我说，锁主要是用来人"锁"财物的，防止财物被他人偷盗。财物最容易引起一个人的贪婪，而世上最锁不住的东西，就是人心的贪婪啊！锁匠说。智者，当锁智于心，用智于行，内心的智慧，是不易被窃取的，如果被窃取了，那是幸遇大智者，理当力促智事惠及天下。

五、这个世界，物质似乎越来越丰富，而我们最缺的，却是人心的专注与不竭的成长。在这个物质财富及精神财富都十分丰富的新时代，我们被各种各样的物质所吸引、所诱惑，这也想要，那也想要。结果，我们被物质的"吸铁"吸来吸去，自己成了被物质所操纵、所摆弄的"物质"。只因心太花，才不会专注一朵花。我们在眼花缭乱的世界里，心浮气躁，心烦意乱，坐不下身，静不下心，对任何事情，都是浮光掠影，蜻蜓点水。所以，我们看到的、触摸到的世界，永远只是肤浅的表层。肤浅、浮华、虚荣，皆是因为我们最缺了人心的专注。

六、关于心诚与心计。一位老人告诉我，待人要用心，以心诚待人，但不可用心计待人。用心诚和用心计，只差一字，但这一字之差，却是做人高下的分水岭。待人用心，就是待人不能敷衍，不能虚与委蛇，随便应付，而要把别人放在心上，真诚对待，想别人所想，急别人所急。而待人如果用的是心计，那就成了一种算计了，你就会时时刻刻从自身的利益出发，有目的地去与人交往，从而算计别人。待人用心，你会因用心诚待人，从而自己就能获得开心和快乐；而待人用心计，心计是需要算计的，算计是一件劳神费心，绞尽脑汁的事，所以，当你用心计去待人时，你得到的是心烦和苦恼。路遥知马力，日久见人心，纸是包不住火的，你是用心诚待人还是用心计待人，最终别人是看得出来的。当别人知道你在用心诚待人时，别人会更加亲近你、敬重你，认为你是一个可交之人，但当别人知道你在用心计待人时，别人便会立马疏远你，把你看作是一个见利忘义的小人。沧海人生，当近君子远小人。比较比较，用心诚待人，与用心计待人，再细细想想，我们该在它们之间如何做出选择呢？是用心诚待人还是用心计待人呢？也许我不说，答案就已经在大家心里。心诚者，天地可鉴，人在做，天在看。宝剑锋从磨砺出，梅花香自苦寒来，奋斗的人生最精彩，彩虹总在风雨后！心诚者，最亮丽的风景就是自己内心深处的那份惬意的从容与淡定。谨以此文与心诚者共勉！

启示与感悟：

沧海人生，不乏烦恼与无奈。人海或商海，都是人生的战场，真的勇士，要学会受伤后自我疗伤。韬光养晦、收敛锋芒，虽可以高调做事，但一定要低调做人，人活在世，要勤劳，还要节俭，要出手，更要收心、收手，既要励志养心，更要奋发有为。启迪心智，也是一种勤劳。在朱丹译著亚当·斯密的《财富论》中关于勤劳和节俭是这么论述的：关于资本积累，无论在什么地方，资本与收入比例似乎都支配着人们的勤劳与游惰。资本占优势的地方，大多数人勤劳；收入占优势的地方，大多数人游惰。资本增加的直接原因是节俭，而并不是勤劳。诚然，没有节俭之前必须先有勤劳，而节俭所积蓄的财富都是由勤劳得来的。但是若只有勤劳而无节俭，有所得而无所贮，资本绝不能加大。给我的启示与感悟就是，学会励志养心，就是在勤奋、在劳动，志坚了、心诚了，灵犀就通了，眼光就锐利了，机会就看到了，财富就源源不断地来到了。

启示 15

你不理财，财不理你

生活处处皆财富。人生无处不理财，人生无时不生财！记得 14 岁时，刚上初中，大约是 1975 年的时候，我花一块钱买来一对"熊猫兔子"，黑白花相间，十分可爱，还特意为两只兔子捡砖头，搭起了一个两层的兔子窝，精心饲养、呵护有加！当时只是想着"好玩儿""有趣"。没几个月工夫，小兔子飞快长大，长成大兔子了，更让我吃惊的是，他们居然一窝下了六个小兔崽。小兔子又很快长成大兔子，我连老兔子算上，选了四只大点的，拿到附近"冷库"，听说他们那里收购，你猜，我卖了多少钱？足足卖了二十多块钱。从三十多年前的这件小事，反观当今的各类投资理财，特别是股票投资理财和文化产品收藏理财，等等，对"人生理财"之事，又有新的感受！财，泛指财富，有形的财富、无形的财富；狭义讲，财，专指有形的财富，专指财产、资产、资本钱财等有形物品。而我想说的是，更加广义的财富，"无形的财产"更有价值，每个人都更应该好好精心呵护，仔细打理好你的无形财富，或叫精神财富、文化财富。

比如说，时间，就是你的第一重要的宝贵财富，人生"弹指一挥间"，"人生如白驹过隙"，如何过好每一天？你要仔细善待、珍视每一天！但我们大都会感到，天天复天天，明日复明日，郁闷加烦恼，无聊加痛苦等等心态。如果你用"理财"的方式看待你的每一天，让你这每一天的每时每刻都能熠熠生辉，即使眼前出现"郁闷和痛苦"，也将它们只是视为暂时在黑暗和山路上寻找干柴和火种的"理财过程"，那样的话，即使是黑暗，也会成为一种耀眼的光芒和催人向前奋进的不竭动力！市场，也是你的财富，而且是孕育你财富、储存你财富、体现你财富价值的财富乐园、理财天堂。请问，你是如何打理你的这一"宝贵财富"的呢？你周围的人和物，都是你的"宝贵财富"，"一句话""一个成功"或"一个失败"，都是你的"宝贵财富"，你珍视了吗？智慧，是你的"宝贵财富"，而且是"财富中的财富"，你善待和重用你的智慧了吗？贫穷和磨难，是财富，你感受到它坚不可摧的力量了吗？"多难兴邦""哀兵必胜"，等等，仔细解读，它们会告诉你其中奥秘缘由的！所以，很好地去打理好你的"宝贵财富"吧！尤其对那些目前"有形财富较为匮乏的理财之人"，你越是穷苦，可能就越是孕育着你"日渐膨胀的巨大财富"，那要用你"无形的智慧火种"，去点亮你智慧的理财行动！去畅想和遨游你的财富乐园！

理财者，要经常内心自我对话，彼此调侃和激励。不管有形财富还是无形财富，也不管财富多少、大小，各路"热钱财神"，不要将你的财富打入冷宫，要活跃起来，要善于思变，善于行动，你要"善运筹、多思索"！星星之火可以燎原。管理层政策导向，金融监管动态，企业存款、民间游资以及居民储蓄的快速进出，形成了数量甚巨的"先知先觉热钱"。这些"热钱"，时常以暗流涌动、信用杠杆、金融衍生品及天量信贷的方式释放到市场上，然后又总会以货币从紧的极端方式遭打压，以致股市暴涨暴跌。而行情特点是预先使其灭亡，必先使其疯狂。有人说"由于这类资金不能阳光化、合法化，囿于监管政策的风吹草动，它们快进快出，来得凶猛撤得也快"。

一般情况下，当这些"热钱或游资"获得了理想的收益，或者当短期机会消失时，或者政策变化时，它们就会迅速流走，快进快出的结果就是资产价格暴涨暴跌。在中国金融市场或房地产市场，以浙江游资为主的热钱，代表了资金从实体经济中溢出成为热钱的典型样本，当新的实业投资机会难以满足资本的投资需求时，热钱以炒房团、涨停板敢死队，甚至私募股权基金的面目出现在市场中，它们所到之处，无不使价格产生巨大波幅。相比储蓄搬家的热钱，民间游资、企业存款投机股市的热钱动作更大，受到市场外因素的影响也更为剧烈。2015 年 5178 行情，A 股市场一路飙升，场内融资和场外配资大举联动叠加共振，一时间企业热钱及积极做多融资者收益颇丰，一方面是见好就收，落袋为安，更为重要的原因是对监管层严查信贷资金用途的担忧。而正是这些企业热钱大举撤退导致了股市的快速向下调整。

所以，监管部门，应审慎把握及运用"资本特性"，善待善管"热钱个性"。如果给"资本人性化"画像，可以这样说，我的主人，我是你的资本，你要善待我，要用智慧和勤奋使用我，按市场规律运营、管理我。如果你"愚昧、冲动、恶意"等肆意妄为对待我，我会让你"一败涂地""毫厘不予"！望你要"善运筹、多思索"，逐步积累"智慧硕果"，那是我最高"荣耀与收获"！司马迁说过：天下熙熙，皆为利来，天下攘攘，皆为利往。金钱是最忠实的仆人，也是最坏的主人，金钱蜕变成为可怕魔鬼或杀戮血刀，因为你已成为金钱的奴隶。虐待妄为者必遭虐待杀伐。当你的生活只为追求金钱所主宰时，你就已经迷失了自我；而当你的金钱和财富是为你的生活所主宰时，你就是在创造和享受着幸福。金钱对守财奴而言，只是一串数字而已；而对有理智的人而言，金钱应该是随时可以唤来唤去的仆人。只是要特别注意对你的金钱唤来唤去时，要全身心地去善待善用这位仆人，不可肆意妄为，更不可放任自流，使你的仆人成为反客为主、倒逼你成为金钱奴隶的那位最坏的主人。

善理财者，整个世界都是你的财富！因为，你在用智慧和微笑面对世界，你把世界视为你的财富，整个世界也就属于你的了！你向世界微笑，整个世界都会用鲜花和掌声为你祝福！给你拥抱！从此，你不再恐惧"黑暗"和"磨难"，原来的"贫穷和挫折"、寂寞和等待，都成为你向上奋进的无穷力量！信心，尤其是预期的信心，所向无敌！智慧，尤其是经过检验的预期智慧，风景分外妖娆！严文斌在其《我的财富观》一书中就曾这样描述，说有两种截然不同的社会财富观：一种是人们爱慕财富，敬重财富，尊重富人，以富为荣，以穷为耻，人们都努力创造和积累财富。这是一种良好的正常的和健康的社会心态，是一种自然的、积极的、合理的财富观。

而另一种是人们讨厌财富，仇视财富、仇恨富人，以富为耻，以穷为荣，甚至仇富杀富，不愿主动积极去创造财富，也不善于去创造和积累财富。这是一种变态的财富观，更是一种社会的病态和病态的社会，是一种扭曲的不健康的财富观。中国有着不患寡而患不均和杀富济贫的历史传统，本质上是装穷和害怕露富。炫耀财富不可取，为富不仁不可取，杀富济贫同样也不可取。

不义之财不可取。佛经中记载着这样一个故事，佛陀与弟子阿难外出乞食，看到路边有一块黄金，就对阿难说："毒蛇"，阿难也回道："毒蛇"。正在附近干农活的父子俩闻言而来观看，当他们发现佛陀和阿难所说的毒蛇竟然是黄金时，立刻欣喜若狂地将其占为己有，可结果却引来杀身之祸？黄金并没有给他们带来富贵，反而使他们陷入一场国库黄金被盗的案件之中。刑场上，父子俩才追悔莫及地想到"毒蛇"的真正意义。我们内心的毒蛇比路上偶遇的毒蛇要多得多。所以，时时反省是必要的，这样即使不能保证时时事事走在正途，也可避免坠入万劫不复的深渊。反观我国当前的财富世界，亿万民众正在经历着财富与金钱的空前洗礼，本人坚信智者必胜，以富为荣，倡导勤劳致富。我看到，一个泱泱大国，历经磨难，日渐凸现！我深感，亿万华夏儿女，在钟情笑对整个世界，用智慧和汗水去打造自己的财富乐园，在精神和文化层面，正在大善大爱精心打造温馨、和谐的精神家园！

君子爱财取之有道。胜在心里话"商道"！"商道"，即"人道"！德行最重要！想做什么样的人，就会经什么样的商！"道"字，带了一个"首"字，"首"，"头脑"也，就是说在走路做事或在进行投资理财的时候，一定要带着脑袋，带着思想。人在路上，要智慧行事！"胜在心理"！凡投资理财之前，你心理应先胜一筹，心态在操盘实战中，自始至终都起着关键的作用，其实，凡事预则立，不预则废！大势目标明确，不必在意一时一事！《孙子兵法》说：先胜而后求战。切不可赤膊上阵，仓促应战。中国的古典文化中孔子的中庸之道，老子的无为求真，孙子的不战而胜，禅宗的静思之境，宁静致远，可以帮助我们投资者，潜心做好"增智修心"。修心，以养商道"德性"！在重要的价格区域，多空双方排兵布阵，精心设局。有时，欲进则先退，欲上则先下，有时派重兵出击，以利攻坚或防御，都希望最终能取得战争的胜利，在这种复杂的环境下举手投足间就决定了荣辱成败。

"商场"如"战场"！"兵不厌诈"，要学做"守时待命"的出色狙击手，凭着冷静、睿智、果断的决策，专业的攻防战术，能够准确地射杀敌方阵地上的任何单一目标、一个接着一个射杀。直到最后大获全胜！调整好心态最重要。这首舍得歌，大家共享。要学会在享受拼搏时，更要享受生活，财富战场，要且战且珍惜，善于休息，勇于心里放下，才能天高地阔。

舍得歌！

舍得笑，得到的是友谊；

舍得宽容，得到的是大气；

舍得诚实，得到的是朋友；

舍得面子，得到的是实在；

舍得酒色，得到的是健康；

舍得虚名，得到的是逍遥；

舍得施舍，得到的是美名；

舍得红尘，得到的是天尊。

舍得小，就有可能得到大；

舍得近，就有可能得到远。

舍得某种精神，就有可能得到某种物质，舍得某种物质，就有可能得到某种精神。而有些人就是为了两片薄面而争，为了一条贱命而战，一身虚荣，一身醋味，值吗？累吗？舍得舍得，有舍才有得；得失，有得就有失。人世间就是这么奇妙，你又何须苦苦追寻一个目标。放得下，才能走得远！有所放弃，才能有所追求。什么也不愿放弃的人，反而会失去最珍贵的东西。有一句很经典的话：当你紧握双手，里面什么也没有；当你打开双手，世界就在你手中。懂得放弃，才能在有限的生命里活得充实、饱满、旺盛！得之坦然！失之淡然！

启示与感悟：

财富是用汗水和智慧凝结而成的。你不理财，财不理你。不义之财不可取。君子爱财取之有道。善理财者，整个世界都是你的财富！天下熙熙，皆为利来，天下攘攘，皆为利往。金钱是最忠实的仆人，也是最坏的主人，因为你已成为金钱的奴隶。当你的生活只为追求金钱所主宰时，你就已经迷失了自我，而当你的金钱和财富是为你的生活所主宰时，你就创造和享受着幸福。金钱对守财奴而言，只是一串数字而已；而对有理智的人而言，金钱应该是随时可以唤来唤去的仆人。只是要特别注意对你的金钱唤来唤去时，要全身心地去善待善用这位仆人，不可肆意妄为，更不可放任自流，使你的仆人成为反客为主、倒逼你成为金钱奴隶的那位最坏的主人。

中国名画《洛神赋图》邮票

文化产品投资是许多人的最爱。凡饱览镌文美景，理当精心细细品读，以淡定情怀与历史文人骚客对话，分享那流芳百世的动人故事。说起收藏，欣赏与收藏均是对历史文化的敬仰与鉴赏。最普通的标的物就是钱币和邮票了，通过钱币与邮票上的图文数字的解读，来品鉴历史，以飨读者。集邮，是大多人的业余爱好，集邮市场，包括邮票、钱币、磁卡及票证等，体现着文化属性、商品属性及金融属性，特别是金融属性在钱币和邮票上显得尤为突出。改革开放以来，收藏市场越来越演绎着资本的疯狂。中国传世名画《洛神赋图》小版邮票就是其中一道靓丽风景。《洛神赋图》小版邮票的热炒，得益于三个条件：一是《洛神赋图》小版邮票本身历史故事及中国传世名画题材；二是《洛神赋图》小版邮票独特的邮票设计及适度的发行量；三是恰逢社会经济发展与文化收藏叠加共振。

《洛神赋》，诠释着洛阳市的悠久、神秘、浪漫的皇家文化之大气与细腻！《洛神赋》，意指"洛水"（即洛河）之美女赞美诗，那"曹氏三杰（曹操、曹丕、曹植）皇家美女恋情"的故事，调足了情场痴情者的胃口！《洛神赋图》邮票，是中国"美女飞天"和"龙文化"的经典杰作！值得藏家"细细品味"，邮票票面上的"微雕书法"，更是"精细飘逸"！其多色套印制作工艺，更是空前惊赞，美轮美奂。"洛神赋图"，实乃中国传统文化中男女恋情的集大成者！

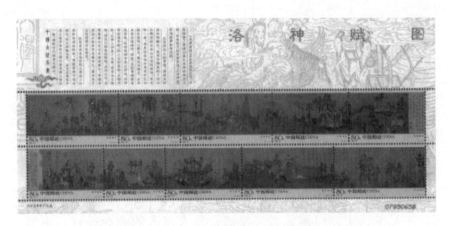

《洛神赋图》邮票

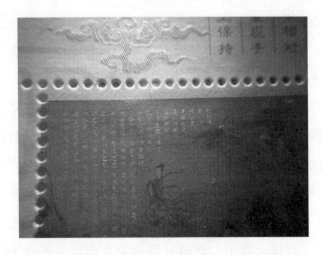

《洛神赋图》小版邮票上的浮雕小字，隽秀精美

一、《洛神赋图》藏品邮票简介

1. 藏品基本信息

《洛神赋图》即《洛神赋图》特种邮票的简称。【名称】：《洛神赋图》特种邮票【正面图案】：东晋顾恺之作《洛神赋图》【版别】：胶雕【原图作者】：顾恺之（东晋）【设计者】：王虎鸣【责任编辑】：赵蕾【发行时间】：2005 年 9 月 28 日【面值】：80 分×10【发行量】：890 万【邮票规格】：50×30 毫米（第一图、第二图、第八图和第十图）；60×30 毫米（第三图、第五图、第六图和第七图）；40×30 毫米（第四图和第九图）【整张规格】：276×110 毫米

【发行单位】：中华人民共和国国家邮政局【印刷厂】：河南省邮电印刷厂

【发行价格】：8 元

2. 藏品的特点

（1）艺术价值

《洛神赋》原名《感甄赋》，主要描述了曹植早年与当时上蔡县令甄逸之女甄宓的感情故事。甄宓后来嫁给了曹植之兄曹丕，生下了明帝曹叡后，惨遭迫害致死。洛神是传说中的伏羲之女，溺于洛水而化为神，世人称之为宓妃。据传，曹植获得宓妃遗枕，感叹之下作此赋以抒发对其爱慕之意以及因"人神之道殊"不能如愿的惆怅之情。《洛神赋图》是顾恺之根据三国曹植所著《洛神赋》而创作的，画卷描绘了曹植从京师（洛阳）东归封地途经洛水时见到洛神女的情景。虽是虚构的梦幻境地，但画卷忠于赋文的结构顺序，

选择重要情节加以描绘，用具体生动的形象依次给观者讲述了洛神赋所述故事的全过程，成为流芳千古的画作。

自古以来文学和绘画是艺术的两大形式，文学家们通过高超的语言技巧带给人们无限的想象空间，而画家则是通过生花妙笔给我们带来视觉的享受。而艺术是相通的，古希腊的西摩尼得斯就说过"画是无声诗，诗是有声画"，顾恺之通过仔细阅读原赋，用自己的画笔，带着个人对曹植的理解与感动，用形象化的语言将赋中所表达的内容生动地表现了出来，此卷与曹植纯文字的作品相得益彰，很好地传达了原赋的思想境界，是毫不逊色于《洛神赋》的难得佳作。据说此卷一出，无人再敢绘此图，故成为千百年来中国历史上最有影响力的名著和最为世人传颂的名画。

顾恺之是开创中国人物画的鼻祖，他的笔法如春蚕吐丝，轻盈流畅，被后世称为"铁线描"。唐代张彦远对顾恺之的画评价为："紧劲连绵，循环超忽，调整逸易，风趋雷疾，意存笔先，画尽意在，所以全神也。"衬景中对车船、女娲以及怪诞神兽的描绘都极为生动鲜活，使整幅画面充斥着强烈的神话气氛和浪漫主义色彩。此幅作品无论构图、情节的展示、人物的刻画以及笔墨绘画技巧方面都称得上是中国古典绘画艺术之瑰宝。

（2）历史价值

中国古代，尤其晋唐之前，美术品主要是实用的，并非纯粹的欣赏品。换句话说，绝大多数现存早期美术作品，无论是墓室壁画、帛画还是陵墓雕塑，在当时不是供人观赏，而是有明确实际功用的。比如，秦始皇兵马俑，那是始皇为自己死后的世界安排的军队，绝非给人看的。我们现在可以从审美的角度观赏这些雕像，说它们如何精美，在艺术史上如何有地位，但在当时，这可是一项封闭而残酷的工程，工程结束时，所有的雕像制造者都被杀害。再如汉唐时代大量的历史故事、先烈功臣像、孝子烈女之类作品，目的全在"成教化，助人伦"，是教人如何按儒家道德标准做好人的，而非用来消闲欣赏的。那时也有作为审美功用的作品，但大都没有留传下来，留传至今的《洛神赋图》，就显得格外珍贵。

二、《洛神赋图》藏品市场前景分析

1.《洛神赋图》藏品近年市场价格分析

从2005年发行初期，随邮市行情不温不火。价格在10～12元徘徊筑底。进入2008年以后，特别是2010年上海世博会，随《清明上河图》声光电图景在世博会期间展示，《洛神赋图》也随其后，价格在《清明上河图》邮票之下，在2011年中后期触及历史高点51。随后随着全球经济的不景气，整体投资环境较差，在较大收益获利盘回吐打压等因素的影响下，《洛神赋图》随后也步入了调整期，从2011年至2013年在35元至40元附近盘整。但随着邮市电子盘横空出世，《洛神赋图》邮票被南京文化产权交易所确定为第一款上市邮票，《洛神赋图》邮票小版票价格一路扶摇直上，到2015年之际，最高价达到140元一版。本人在价格和人气低迷期从2006年至2010年，在12元附近批量买进约10000版，因为从发行量和设计风格的观赏性来分析应超过《清明上河图》邮票未来价格预期。电子盘邮市首选《洛神赋图》邮票小版票，是难得巧遇大风口，特别是原包好品相的《洛神赋图》邮票小版票，深受市场厚爱。故此，本人在 90 至 120 元附近，全部分批卖出，获利近 100 万元。此价仅指实物价格。本人未敢参与电子盘炒作。而电子盘市场，价格最高被炒至 5000 元一版左右。因为，电子盘疯狂炒作，已失去应有理性和适当规则，资金与抄手在恶意疯狂、肆虐妄为，致使管理层不得不出手严管打压，以确保不发生系统性金融风险。目前，电子盘亦在全国市场叫停，实物价格也回落到 40 元左右。期货文化市场，也恰逢当时股票市场的高杠杆融资融券，中国金融市场的确风险在膨胀。到目前为止，严管打压、市场整肃还在路上。

2. 《洛神赋图》藏品未来升值前景分析

收益率是影响资产价格的主要因素；题材、发行量、工艺及市场沉淀度是决定钱币邮票内在价值的主要因素；市场参与度是分析市场未来炒作潜力的概念。因此，我们在此对《洛神赋图》分别从收益率、题材、工艺、市场沉淀度、社会参与潜力等因素来对《洛神赋图》未来前景进行分析。回顾行情走势及未来市场预期走势，其价格还将随市场周期性波动而波动。

（1）《洛神赋图》历史收益率情况

《洛神赋图》2005 年 9 月发行，发行价为 8 元；至 2013 年 9 月，上海卢工出售价为 40 元；近 12 年增值 5 倍。《洛神赋图》收益率远超同期银行一年期基准贷款利率。由此可见《洛神赋图》具有很好的资产保值、增值功能。

（2）题材情况

原画作者顾恺之的突出成就在于他的人物画以日常生活为题材，

生动传神。笔法如春蚕吐丝，形神兼备。他的画继承和发展了古代的现实主义的优良传统，打破了以前那种以宗教题材为主的风气，成为伟大祖国艺术宝库里的宝贵遗产。顾恺之的原画没有流传下来，当今存世的四件《洛神赋图》都是宋人的摹本，其中两件在北京故宫博物院，一件在辽宁省博物馆，一件在美国弗立尔博物馆。邮票是采用北京故宫的摹本设计的。该特种邮票全套 10 枚，每枚邮票面值均为 0.8 元，堪称中国古代名画邮票的精品。它是目前反映我国最早古代名画的一套邮票；全套 10 枚邮票连体横印，是目前中国横连枚数最多、最长的一套邮票；该套邮票置入全篇赋文千余字（加上题跋文字），是中国乃至世界上文字最多的一套邮票。

《洛神赋图》特种邮票在 2006 年举办的全国最佳邮票评选大会被评为最佳印刷邮票和优秀特种邮票。

（3）工艺情况

该套邮票采用胶雕版 14 色三次套印，是迄今为止我国邮票刷色最多的一套邮票；另外在邮票印刷史上首次使用"无墨雕刻"工艺。该套邮票采用浮雕，隐形雕刻，钢板雕刻等多种高科技印刷手段，在全世界邮票印刷界中属于顶级的印刷技术，是新中国运用最多雕刻技术于一身的邮票品种，也是到目前为止防伪技术最高最全面的邮票。金色的龙饰物以及《洛神赋图》4 字均为浮雕印刷技术；中国邮政以及面值部分是由钢模雕刻而成，字体透背有骨质感，是钢模雕刻印刷技术；尤其绝妙的是把曹植的《洛神赋》全篇千余字用隐雕技术置于画面 10 处稍有空白的背景空间，文随空白而走，长短不拘，似画的题跋，自然错落，有一种书画结合的独特美感。赋文用凹印无色脊凸工艺，不显字迹，以免破坏画面。脊凸文字在侧光之下看去，闪闪发亮，字个个都站立起来了，清晰可辨。这是赋与画两件姊妹艺术珍宝首次在一件艺术品上直面亲和，令人玩味，也为更好地解读赋文并欣赏画面提供了注脚。

（4）市场沉淀度

这种传世名画，普通人想一睹其真容的机会实在是少之又少。而《洛神赋图》特种邮票的出现，将名画置于方寸间的邮票之上，设计十分精美。十余年来经过了大量的礼品消耗与集邮爱好者的收藏沉淀，到目前为止，市场流通量估计已不足 80 万枚。因为，当年有大量正版被撕掉边饰，来入册销售，更有许多破板、拆包等，原包《洛神赋图》邮票，就更为珍罕。

（5）社会参与度

《洛神赋图》在现货市场成交活跃，参与人数众多，而《南京文化艺术产权交易所钱币邮票交易中心》的成立解决了钱币邮票市场固有的买入难、卖出更难的局面，极大地提高了社会大众参与度，将会使越来越多的社会人群接触钱币邮票艺术品投资领域。在钱币邮票行业由传统的现货、集市贸易升级为电子化市场时，交易的便利性、安全性所导致社会人群的介入也将使钱币邮票有大幅的升值潜力。但是，电子盘交易已被重棒打压严管，全面整肃，这本身也说明，一旦市场作为恶意跑偏，政府不得不出手整肃，任何市场，均不可肆意妄为，均应该按市场起决定性作用和更好地发挥政府作用的基本原则来规范运行。

启示与感悟：

集邮，是大多人的业余爱好，集邮市场，包括邮票、钱币、磁卡及票证等，体现着文化属性、商品属性及金融属性，特别是金融属性在钱币和邮票上显得尤为突出。改革开放以来，收藏市场越来越演绎着资本的疯狂。文化产品投资是许多人的最爱。凡涉猎历史文化、传世名作，饱览镌文美景，理当精心细细品读，以淡定情怀与历史文人骚客对话，分享那流芳百世的动人故事。说起收藏，欣赏与收藏均是对历史文化的敬仰与鉴赏。最普通的标的物就是钱币和邮票了，通过钱币与邮票上的图文数字的解读，来品鉴历史，以飨读者。文化产品集藏，目前在寂寞筑底，但并不排除今后还有疯狂地涨涨跌跌，周期性价格波动。有两点十分重要：一是邮币卡电子盘整肃彻底走出阴霾之时，便是邮市见底之日。筑底之际，恰是择机选品买入良机；二是股市走好，必将对邮市起到引领和刺激作用。金融市场，大多有走势趋同、荣辱与共的特点，但也不乏超前或滞后的各例呈现。望广大理财者且战且珍惜，善于迎战是豪杰，懂得休战更重要，有时，守得住寂寞，方能拥抱繁华。

启示 17

投资理财中的速战与持久战

持久战不易，速战闪电战才是制胜王道。股市里有两种人，一种是速战速决，这种人性格比较豪爽，俗话叫人比较直。直性子，言语行为刚烈得很。不管是速战还是持久战，重在看结果，最终取胜者才是真赢真胜。速战法，要求应战者要极为精准地预判，其实，大多速战之役之所以能够得胜回营，绝不是简单地突然出击，而是已经潜意识或默默地做了大量分析研究，积累了大量的决策资源，并且在时空价量四维决策运筹中，给自己预定了一个铁的纪律，一旦市场就你所关注的目标出现时空价量最佳四维共振点时，应当果断出击，犹如一名出色的狙击手，大多能出奇制胜。另外一种人是持久战，投资理财不问时间长短，赔钱或不挣大钱，就拿它个十年八年或更长时间。这种人的性格一般比较柔和，俗话说胸有城府。性格温顺，慢个性。但我们此处要给大家阐述的是完全不同的一种投资理财方法，是双生双促，你中有我、我中有你的速战持久战法，速战速胜，以集小成，速战速败，无伤大碍，集小成者，意在大成决战之胜，偶遇小败，当随时调整战略策略，小败是试金石，小败是警示钟，胜败乃兵家常事。没有小战的历练和对战况的精准研判，哪有恢宏凯旋，不积小流无以成江海。理财路上，应将速战和持久战巧妙结合运用，俗称短线和长线，其实，时间无所谓长，也无所谓短，数字也无所谓大，无所谓小，均是相对而言。尺有所短寸有所长，一滴水能折射出太阳的光芒。

理财路上，要做到长中有短，短中有长。要谋大善短，集小成为大成。也就是说，在持久战中，要经常有局部小型战役，这样有两个目的，一来胜时可嘉，可继续朝着总目标、决战进发；二来如遭遇溃败，也有时间和力量调整自己，规范自己，不畏短时间、一时一事纠结和困惑。商场即战场，胜败乃兵家常事。关键要看我们如何把握这个时间长短和资金大小的度。刚才就提到时空价量四维理财法，关键是如何能够判断时空价量四维最佳共振点，后面会从基本面、技术面和心理面"三碗面"三管齐下地深入分析研判，此处重点阐述长短线结合的实际应用。有时，小笔卖出，是为了大笔买入，因为行情尚未起步，稍有斩获，可考虑先落袋为安，留好底仓，以备大战，有时，大笔卖出，短期休战，因为高位已现，但要留好底仓，因为，大多目标失去，或空仓某一标的，理财者就无暇持续关注了，本质上是只考虑手中做短，没有顾忌心中的长远啦。关于长短或速战持久战思路，还要结合理财种类，即大类投资理财市场，最好在三个以上的大类市场或战场遥相呼应，如房地产市场、股票市场、收藏市场、外汇市场、债券市场及期货市场等等，投资理财标的，最好在 5 个以上，本人控制在 13 个以下，要视自己的驾驭能力和资源掌控力而因人而异。一般情况下，不同的大类投资理财市场，不同市场有齐涨齐跌现象，也有此消彼长现象，特别是同一市场，不同标的物，如不同股票或收藏品，个别投资理财品，价格涨势如虹，但其他品种价格却跌跌不休。要密切关注市场行情动态，既要注重大盘研判分析，更要关注个股价格等基本行情走势。总之，掌握一个度，花无百日红，但在大风口处，重大事件驱动刺激之下，猪和大象都能飞上天。在自己账面上，也可以有这样的理财思路，先小批量尝试建仓，疑惑亏损泛绿，而后设法变红，再降低成本，再使成本变为负数，再成本为负或成本较低的基础上，增加持股筹码。最好的账目是，品种足够多，负数足够大，筹码足够量。没有足够长的时间，没有足够短的胜战积累，是难以做到这种盛况的，如果已呈现此等战况，大赢大赚，劝君且战且珍惜，将战果反哺实实在在的生活，反哺家庭、反哺社会、反哺父母、反哺自己，提高生活质量，健康快乐幸福长寿，如此这般，才是投资理财真赢真赚。投资理财者，要始终用汗水和智慧，掌控好财富金钱，绝不可任由财富金钱的摆布，沦为财富金钱的奴隶。要始终深知金钱是为人服务的。

价值投资是持久战的最佳诠释，如股神巴菲特，他就属于持久战，性格也是比较温和，非常注重生活品质，知足常乐、精神矍铄。不喜欢和别人斤斤计较。这样的人不太喜欢计较一些东西，比如你打他左边脸，他还会伸着右脸让你继续打。这种类型的人，初期比较自卑、长相中庸，个性使然。君子坦荡荡吗。闪电战属于能打仗的人，此类人精力充沛，他们的耐力也是有的，但是更倾向于短期的回报，有的人说他们是心急吃不了热豆腐，其实不然，他们活得比较现实。他们不太相信望梅止渴，他们大多数比较帅气，或者漂亮。追求者也是比较多。他们优越感比常人要多。属于鹰派人物，很受市场热捧。股市的纷争实际上就是人性的争斗。持久战与持久战之间的争斗，持久战与闪电战之间的争斗。其实，投资理财市场，最终所揭示的就是闪电战与闪电战之间，持久战与持久战之间及速战与持久战之间相互纷争博弈及相互渗透而产生的结果。

我们永远也无法真正百分百精准去买卖一只股票，因为一天中就有无数个买卖点，无数买卖的量。只能按各自的能力所及去行事，我们能够做的就是依照自己的汗水和智慧所及去全心全意地战斗，而这种战斗，就是一种人生经历，即使暂时不能称心如意，你也应告慰自己，我曾战斗过、奋斗过，我的人生不虚此行。

启示与感悟：

理财路上，应将速战和持久战巧妙结合运用，俗称短线和长线，其实，时间无所谓长，也无所谓短，数字也无所谓大，无所谓小，均是相对而言。尺有所短寸有所长，短线和长线要双生双促，你中有我、我中有你的速战持久战法，速战速胜，以集小成，速战速败，无伤大碍，集小成者，意在大成决战之胜，偶遇小败，当随时调整战略策略，小败是试金石，小败是警示钟，胜败乃兵家常事。最好的账目是，品种足够多，负数足够大，筹码足够量。没有足够长的时间，没有足够短的胜战积累，是难以做到这种盛况的，如果已呈现此等战况，大赢大赚，劝君且战且珍惜，将战果反哺实实在在的生活，反哺家庭、反哺社会、反哺父母、反哺自己，提高生活质量，健康快乐幸福长寿，如此这般，才是投资理财真赢真赚。投资理财者，要始终用汗水和智慧，掌控好财富金钱，绝不可任由财富金钱的摆布，沦为财富金钱的奴隶。要始终深知金钱是为人服务的。

启示 18

"红军邮" 邮票是一座文化收藏金矿

红军邮是一座金矿（信息资料来自炒邮网论坛李晓民）庆祝建军 83 周年暨红军邮发行 15 周年。2010 年 7 月 26 日，八一建军节即将到来，在光荣的中国人民解放军创建 83 周年之际，红军邮迎来了自己 15 岁生日。这款身世奇特的旷世珍邮自发行后几经沉浮、饱经沧桑，但始终没有被历史所遗忘，没有被低迷的邮市掩盖其熠熠的光辉。如今它还在以它独特的魅力吸引着无数邮人积极参与其中，他也将在未来成为一座金矿给收藏者带来梦想、财富、惊喜、荣耀与美好的记忆。

一、天时

1995 年 8 月 1 日发行的红军邮是经过慎重决策、周密策划、精心设计的一款特殊邮品。它的发行体现了党和国家对义务兵的深切关怀和对国防事业的高度重视。在经历过黄、紫、蓝军邮发行失败后，经过数十年的经验教训总结后重启军邮发行，有关各方面高度重视精心准备，在制定了各种政策规定后审慎组织认真落实实施，无奈社会的发展和经济环境的变化未能保证美好的愿望得以实现，只在原沈阳军区试点发行使用一年多就停用销毁。而正是失败的发行在中国邮政史上留下了浓重的一笔，为邮人提供了这百年不遇的重大收藏机遇。红军邮就此成为新中国唯一一款只针对特殊对象区域试用又经历大规模使用消耗和回收销毁的正式邮品。如今通信技术飞速发展，邮票使用功能弱化而文物属性却在加强，如此神奇独特的品种可谓空前绝后，极有可能成为中国最后一款绝版军邮。在如今国家日益强盛、民间财富大量聚集、国家大力发展包括集邮事业在内的文化产业和邮市整体复苏的大背景下，红军邮不可能也不应该继续沉寂。

二、地利

红军邮作为一个没有比价和牵制效应的独特品种、独立板块，却可以做到自成系列、海纳百川。首先，它独特的设计发行使用历史造就它各种规格和档次的品种齐全，能适合任何收藏投资者的参与。从适合普通集邮者收集的单枚、方连、条、大块到适合大户投资的半版、整版，从低端普通票到花脸、军杠、激光、地雷、蓝鸽等高档票。如此丰富的品种和内涵促成了收藏的系列化和多元化，增加了其研究价值和收藏乐趣。其次，目前严重价值低估形成低廉的市场价格成为红军邮收藏千载难逢的"零"风险投资机遇。与众多已率先创造历史新高的经典老票相比，红军邮的真实价值还远远没有体现，未来空间无可限量。

三、人和

多年来，众多炒作品种跌落神坛，沦为垃圾被人遗忘以及炒新遭遇邮政放货的现象让众多集邮人深受其害。这也让人们更加深刻地认识和领悟到：只有群众基础好、官方无库存的正规品种才有持续发展的坚实保障和美好前景。多年来红军邮以其神秘的身世、精美的设计、独特的题材、非凡的历史吸引了无数人关注的目光和参与的热情。其雄厚的群众基础、庞大的收藏群体、强大的影响力让他可以在今后永远保持旺盛的生命力。目前，红军邮品牌知名度十分深远，红军邮收藏投资者也十分巨大，甚至已形成全国范围的专业邮票投资群。面对无数忠实爱好者的坚定执着和空前团结，随着一些曾经别有用心诽谤污蔑红军邮的恶意做空势力逐渐被唾弃和淘汰出局，摆在红军邮面前的将是一片坦途。

四、奇迹

近年来，随着红军邮研究的深入，发现了花脸、军杠、激光、地雷、蓝鸽等变体票和暗记票，这些如同上帝之手巧妙创造的珍品出现在红军邮中注定它成为奇迹。目前，这五枚特殊军邮被爱好者称为"红军邮五珍"，近期它们在一些眼光独到的收藏者强势收购下价格一涨再涨，但却因其稀少的存世量使它们难以圆梦，一票难求的局面已充分彰显这些品种的珍邮属性。由于红军邮在解密前发行量一直是个谜，现在军邮界普遍认可的是刘格文将军印制 2000 万，库存、未下发及上缴销毁共 600 万的判断。众所周知红军邮经历特殊，大部分来自士兵手里品相尽失而无收藏价值，流出及下发的1400万中除去使用、消耗、损毁目前存世收藏级全品数量估计在400万枚左右。而红军邮又有每版各50枚的通齿和不通齿2种版式。"军杠、激光、地雷"三票固定只存在于不通齿军邮的特定位置中，即便不通齿不像很多人分析的比通齿少得多而是等量，这三珍也成为百里挑一的精品，他们的理论存世量为各4万枚。更由于他们大多存在于整版和半版中，全品散票很少，根据多年观察，他们的实际可流通数量仅为各几千枚。军杠票作为暗记处理的杰作，因其位置特殊，认可度高，防伪性好、设计巧妙、声名显赫成为固定暗记票的龙头使其价值彰显，其价格也远超过了激光和地雷。而花脸票和蓝鸽票仅存于极少数不通齿整版特定位置中，从网上和市场上出现频率和数量上可看出他们极其稀少，花脸票如出现在"文革"时期，必定因为损害军容而被回收销毁。而蓝鸽票目前其价值还未被有效挖掘，市场认同度还略低，今后价格也会向花脸靠拢。假以时日，"红军邮五珍"的价值一定会得到集邮界的普遍认可，谁又能说他们不会成为集邮界追捧的又一枚因每版只有1枚而成为贵族邮品的"蔡伦公元前"票？记得阿基米德曾经说过："给我一个支点我能撬动地球。"有了"五珍"红军邮就有了领军者和火车头，他们每次上涨都会带动红军邮不通齿版票的突破，在他们迭创新高不断创造奇迹的带动和引领下，红军邮整个板块都会成为人们关注的焦点和追逐的对象，满盘皆活和辉煌重现的景象必将到来。

值此八一即将到来之际，将我对红军邮的了解和认识与大家分享，不是推荐和引导，只是研究和交流。真心祝愿我们喜爱的红军邮从今天开始能够一路走好，不再有大起大落，走上价值回归的稳定增值之路，让选择红军邮的人更加自信，让收藏红军邮的人更加坚定，让研究红军邮的人更加快乐。

在2010年至2015年之际，邮市电子盘横空出世，也同样点燃了广大投资人和集邮爱好者的激情，电子盘价格，一版不通齿红军邮涨到2万多元，实物价格也达1万元以上。随着电子盘市场整肃，目前不通齿版红军邮价格徘徊在6000元一版左右，半版价格仅1200元左右。价格虽大势还在筑底之中。

启示与感悟：

在邮市上，红军邮有"金猴二世"的美称。主要是体现在其题材、存世量及消耗量等方面。还有受军邮1号蓝军邮、紫军邮和黄军邮价格影响，有价格补涨的要求，但还需市场的时间和消耗的沉淀。还要视市场事件驱动而定未来。"红军邮五珍"的价值一定会得到集邮界的普遍认可，谁又能说它们不会成为集邮界追捧的又一枚因每版只有1枚而成为贵族邮品的"蔡伦公元前"票或"金猴二世"呢？有了"五珍"红军邮就有了领军者和火车头，它们每次上涨都会带动红军邮不通齿版票突破，在它们迭创新高不断创造奇迹的带动和引领下，红军邮整个板块都会成为人们关注的焦点和追逐的对象，满盘皆活和辉煌重现的景象必将到来。但潮起潮落，任何市场都是周期性波段运行。不忘初心，方得始终。文化收藏，的确充满理财贮财利益驱使，但文化鉴赏属性切不可偏废，交友、怡情、益智等价值还是要发扬光大的。

启示 19

时空价量四维投资法解析

在基本面、技术面、心理面三管齐下的基础上，通过时空价量四个维度，来精准对接你所确定的标的物。基本思路是，投资者从上市公司的技术研发、生产、市场拓展、销售量、营收额和净利润等因素，通过股市等交易市场对目标项目的时间、空间、价格、交易量的四项微观角度的仔细分析研判，并将该四维度的具体数字与该交易项目的基本面、技术面、心理面三个方面有机结合，集中体现在价格走势上。即价格要用量来说话，量要用时间来说话，时间要用长短来说话，而交易者或投资者要用受益来说话。比如，以价格为中心来考量，既要考虑价格的过去、现在和将来，还要考虑空间的高低与交易量的大小，还要考虑市场管理层及上市公司基本面、技术面和心理面的信息披露，对一切信息资料，兼听则明、偏信则暗，也不可太过迷信技术。本人认为，股市的 KDJ、MACD、VOL、BOLL 等几个技术指标，还是应该仔细分析研究高效运用的，以获得预期或超预期收益为检验标准。如 KDJ 或 MACD 的 5、15、30、60分时线，及日线、周线和月线，长短线总是相互制约的，要做到长中有短，短中有长。相对短线总是相对长线的先导。相对长线总是相对短线的预期。更要关注突发事件的强力翻转走势，还要考虑此类翻转的持续性和真假性，要谋大善短，集小成为大成。这些方面，均应通过时空价量四维度数据来权衡。要志存高远，守得住寂寞，方能拥抱繁华。不畏短时间或一时一事的失误而纠结和困惑。要乐于止盈，善于止损。且战且珍惜是市场生存法宝。把市场所获转嫁为实实在在的生活所需，如犒劳自己、孝敬父母、改善生活、感恩社会，如此这般才是真赢真赚。商场即战场，胜败乃兵家常事。关键要看我们如何把握这个时间长短和资金大小的度。

大多股民一买就跌，一卖就涨。有时越买越跌，而有时越卖越涨。如何抓牢持续上涨的股票？

一、要学会找到根源

中国的 A 股虽然大家大多公认为政策市，但也常有市场自我个性张扬的走势，也可分为两种交易模式，一种叫资金市，一种叫政策市。国家出什么政策，特别是持续性利好政策，对应的板块和概念就会随之大涨，这叫"政策市"；市场主力资金运作哪个板块个股，哪个板块个股大涨，这就是"资金市"。但不论是政策市还是资金市，均有滞后和超前的现象。可以这么说，最后一个坏消息或信息，可能就是最好的消息或信息，因为之后将会好消息不断，并且越来越好，有时，关键还要管理层的确认及公告报道，这只是市场心理层面的一种宣泄。所以，要基本明晰政策和资金的真实意图这两个方面，炒股就能赚到钱。其实就是知道国家政策，在这个信息时代，只要随便翻一翻市场评论，当前政策扶持什么板块、市场热点在哪些题材、正在热炒的是哪些概念，就能一目了然了。没有无缘无故的涨，也没有无缘无故的跌，很多朋友买股票都是看这个股的走势如何，但是走势仅仅是一种外在的表象，还要明察秋毫，发掘其内在本质的东西，有时市场主力也有打眼失手之举，我们需要知道的是它为什么涨，为什么跌。没有只涨不跌的股票，也没有只跌不涨的股票。除非，铁板钉钉，即将退市的股票。

二、要学会长远分析

所谓长远分析，其实就是了解国家政策的发展方向，例如前段时间的可燃冰，例如现在的新能源行业，都是未来必定发展的。可能这样说你们很难理解，举几个例子：当我们看见霞客环保涨停板，立即就想到是国家治理雾霾的消息刺激，看见招商证券涨停板，马上明白是暂停 IPO 带来的利好，后来国家设立"上海自贸区"我们马上知道这是国家战略，行情力度绝对可以期待，我们向朋友们推荐了上海物贸、浦东金桥，后来都收获满满的涨停板，当国家设立"东海识别区"的时候，通过分析研究，密切关注航天长峰、中国卫星等几只军工股票，后来都涨停了。看到这里大家应该明白，凡能赚钱，市场有所斩获，均是因为能及时抓住新闻，并能有效掌握时空价量四维度的关联尺度，并且有较高的预期性，这都是因为投资者长时间的了解和研究国家政策对股市的影响。上市公司的信息披露，均有其利益导向性，国家管理层的政策发布，更有其大方向走势的引领作用，凡市场博弈者，对此类信息资源不可不察。

三、要适当借助工具

没错，我们又不是国家领导人班子，怎么可能会提前知道什么政策即将出台，也不是公司决策层，提前获悉相关信息，况且严查严办此类自己内部炒作及财务作假事件。所以，我们唯一能做的，就是借助操盘工具，特别是技术层面的数据解读，及高效独特的盘感技能。工具有强大而复杂的数据分析，比人分析得要精准，而且现在的工具带有"一键看涨停""买卖提示"等功能。有时候新手不会分析，不会找涨势旺盛的股，那用工具看提示就可以。那稍微有点经验的朋友，借助工具就更精准了。一切买卖行为要以市场结果走势来定夺，只有卖出了，才能确定真赚真赔，而大多数股民均有赚钱之时，只是由于想再多赚一点，结果事与愿违，所以说，会买的是徒弟，会卖的才是师傅。所有赚来的钱，均是卖出的结果。

四、炒股要多看多学

多看报纸新闻！多看报纸新闻！多看报纸新闻！重要的事情说三遍，多关注报纸和新闻是最直接的办法，因为国家新出台的政策，都会在新闻里，你只要多看，多观察，以后慢慢就拥有敏感度了。要看历史、判当前、想未来。要仔细分析身边的经济现象，通过周边的切身感知的事实，来精准与国家、行业及公司的基本面、技术面和心理面有机结合。要多收听收看电视有关股票知识的内容和了解股市中的名词、术语、名称等内容，最好有人指点一二或去证交所听听讲座，对股市有所了解，然后对 K 线图和走势图中各档、各项名称和所在部位都要记住，并自己用心去参照应用，注重结果。系统地学习大盘和股票的技术分析，特别是 KDJ、MACD、VOL 和 BOLL 四大指数。还要全面了解企业基本面情况、财务报情况、生产效益等情况，做到心中有数。入市前对市场要有一个比较合理的评估，选股是关键，决定你的成败。在一个大周期上涨的初期介入，才能有大赢的可能，有时，你的股票两年上涨了 10 倍，而你却在上涨一年半之时，赚一倍走人，结果疯狂之时，只消几个月，暴涨出天量天价。有时，你持有的股票三年不涨或微涨，结果你一卖出，就大涨，特别是你彻底清仓出局之时，确实大盘揭竿而起之日。所以，要从历史角度、持续性地去看去学，才是真看真学。

五、时空价量一体化是技术分析的最高境界

时空价量综合分析，是技术分析的最高境界，这无疑是很多朋友所认可的。那究竟对于价量时空来说，怎么样的分析才是最为正确的呢？我们可以简单地介绍时空量价一体化如下：

一说时。时间是决定市场走势很重要的一个因素，对于时间的研究上，最具有发言权的是江恩理论，江恩认为，历史一直在复制，研究历史便可预测未来，对于时间的分析在这里给大家简单列举三个。

1. 统计市场十年来的走势，研究重要的顶部或底部发生的月份。你将会发现市场的顶部或底部经常会在哪个月出现，另外，将趋势运行的时间和统计的月份做一个比较，市场的顶部和底部时间会更容易把握到。

2. 市场重要的顶部及底部的周年纪念日，必须密切留意重大事件的驱动作用。市场经过重要顶部或底部后的 1 年、2 年甚至 10 年都是重要的时间周期，要重点留意。

3. 重要消息的日子，当某一重要消息引发了市场的重大波动，例如，降准、降息、战争、金融危机等这些日子的周年，都必须特别留意。另外，注意消息入市时的价格水平，这些水平将是未来重要的支撑或压力位置。

二说空。空间解决的是市场每波行情的顶部区间和底部区间位置，简单来看即是对于趋势线的理解和应用，或对于趋势线的画法，要注意的是，大波段和小波段的关系，要通过技术层面加以佐证。

三说价。价格是分析中最基本的要素，但大部分投资者对于分析不好的原因是价格的理解不够。要成为技术高手，价格研究是第一步。价格的体现包括 "k 线" 和 "f5 分时曲线"。k 线是当天多空博弈的结果，简单的 k 线理论有对单根 k 线的认识，k 线组合的认识。重新定义趋势的概念。对价格进行彻底的领悟，研究指标的生成，用价格的多周期共振结合指标的共振是进身高手境界的第一步！

四说量。量是次于价格的，一个分析者如果离开了成交量的分析，那么他的体系就是不完善的、不完整的。量和价是相辅相成的，价格上是否得到支撑是需要借助成交量来分析的，量和价格是不可分割的，是价格的载体，脱离了成交量的价格是没有意义的。关键要看交易量大小、时间、空间与重大事件的关系。一字板无量上涨，一般预示着明日还有上涨动能潜伏，但如果主力十分凶悍，也不乏空中加油，在大幅震荡吸筹之际，又再度缩量涨停。也有巨量跌停之后，持续性缩量跌跌不休，待底部巨量跌停之际，又爆出增量涨停，走出光头光脚大阳线。反之，巨量涨停又走出增量跌停的光头光脚的大阴线。

总之，以上的时空价量一体化理论，必须全面考量，不可偏废。时间，是空间、价格和数量的时间；空间，是时间、价格和数量的空间；价格，是时间、空间和数量的价格；数量，是时间、空间和价格的数量。这一极富哲学理念的技术分析的思路很重要，至少会使新入市者少走很多弯路。

启示与感悟：

工欲善其事必先利其器！只有历练好身手，方能出奇制胜，游刃有余。宝剑锋从磨砺出，梅花香自苦寒来！即使筚路蓝缕、画粥断齑，也要练好本领。不为赚钱，也要历练毅力。因为金钱是财富，毅力和智慧更是财富。时空价量一体化理论，必须全面考量，不可偏废。时间，是空间、价格和数量的时间；空间，是时间、价格和数量的空间；价格，是时间、空间和数量的价格；数量，是时间、空间和价格的数量。这一极富哲学理念的技术分析的思路很重要，至少会使新入市者少走很多弯路。要乐于止盈，善于止损。且战且珍惜是市场生存法宝。把市场所获转嫁为实实在在的生活所需，如犒劳自己、孝敬父母、改善生活、感恩社会、如此这般才是真赢真赚。

启示 20

基础设施是社会文明的基石

基础设施的强大是文明社会的标志，也是国家与社会持续发展的强大动力和稳定基石。我们看到中国高铁持续发展给社会带来的强大福利，百姓生活日新月异，国家实力日益强大。西气东输、青藏铁路、大飞机、天眼、天宫、蛟龙、港珠澳大桥、雄安新区、粤港澳大湾区、自贸区、长江经济带及一带一路等一系列重大项目的推出，无不助推基础设施建设正在迎来一次中国的大跨度飞跃式发展。中国基础设施的建设，也必将对世界基础设施的建设做出巨大贡献。如何加强城市市政基础设施建设，还要在推进精细化管理上加大力度。

一、准确把握城市精细化管理的内涵和要求

实施城市精细化管理，既是管理理念的创新，也是管理方式的转变，每一个城市管理工作者对此应该有全面的理解和准确的把握。

（一）城市精细化管理的基本内涵。精细化管理是 20 世纪 50 年代发端于日本企业的管理理念和管理技术，后被推广应用于各类社

会组织。城市精细化管理，就是将精细化管理理念引入城市管理中，综合应用现代管理理论和现代信息技术，按照精确、细致、深入的要求，对城市管理各个工作环节实施信息化指挥、网格化管理、精量化定责、精准化操作；并采取合理调配资源、优化工作流程、细化管理标准、完善考核体系等措施，建立与之相配套的一系列规章制度，实现城市管理数字化、标准化、常态化、无缝隙、全覆盖、零缺陷管理。城市精细化管理强调将管理工作做精、做细，"做精"是指精益求精，精雕细琢，是城市管理细化的必然结果；"做细"是指严谨细致，把握好每一个细节，是提高城市管理水平的必要途径。同时要求在日常管理中，每一个步骤都要精心，每一个环节都要精细，每一项工作都是精品，以全面提高管理水平和工作质量。精心是态度，精细是过程，精品是结果。

（二）城市精细化管理的主要特点。与传统粗放式管理不同，城市精细化管理具有以下特点：一是精细化。重视过程管理、流程优化和细节管理，追求高质量、高效益。二是制度化。管理必须有所依据，制度就是管理的基本规范。实施精细化管理要有一套相对完善的精细化管理制度。三是规范化。精细化管理是在制度框架中按照相应的流程规范运作。规范化的管理能适时地检验制度的前瞻性和适宜性，使制度更加规范、科学。四是科学化。精细化管理靠的是先进的管理手段和科学的流程设计，并不时地对其加以优化和改进，从而使管理更切合组织的运作实际和发展要求。

（三）城市精细化管理的主要内容。精细化管理是一种管理理念和管理方法，体现了对管理的完美追求。它的主要内容有：一是管理对象精细化。弄清管理对象的底数是实施精细化管理的关键，只有对管理对象的情况了如指掌，才能对每一类对象实行有效管理。要充分分析职能配置，按照不同类别实行层级式细化分类，科学制定不同的管理标准，采取不同的管理方式，发挥分类管理的优势。二是管理制度精细化。要对各项管理内容进行细化并用制度的形式固定下来，为规范执法提供制度保障，促进管理方式的转变，达到长效管理的目的。三是管理手段精细化。对各类城市管理问题进行细致的研究、精确的预测、有效的应对，以实现主动式、前置式管理。四是管理职责精细化。要按照精细化管理的要求，对各管理岗位的基本职责从内容、标准、时限等方面进行细化、量化、固化，使各项管理工作有规可循，有据可依，真正形成基本职责清晰，岗位职责明确的岗责体系。五是考核评价精细化。建立起与精细化管理相配套的城管绩效考核体系，全面落实执法责任制。以过程控制、监督考核、奖优罚劣为抓手，运用考核、奖励、处罚、责任追究的手段，建立科学高效的激励机制，实现执法人员奖惩机制和管理机制的有机结合。

二、充分认识实施城市精细化管理的重要性

城市精细化管理是提高城市管理效能的重要举措，是改善城市生产、生活环境，提升城市品位的有效途径。实施城市精细化管理，对推进城市国际化、创建全国文明城市、建设和谐宜居城市等具有重要意义。

（一）实施城市精细化管理，是推进城市国际化的客观要求。

"十二五"时期是长沙可以大有作为的机遇期、率先实现小康的决战期、转变发展方式的攻坚期和奠定城市格局的关键期。市委作出了加快推进城市国际化的重大决策，提出"力争用15年左右的时间，在基本建成区域性中心城市的基础上，把长沙建设成为区域性国际城市"的战略目标。从世界多极化城市发展经验来看，城市管理水平是衡量一个城市国际化程度的重要标志。要推进城市国际化，就必须瞄准国际先进城市的管理水平、管理经验、管理方法，树立新的发展标杆，切实转变过去那些粗放的城市管理方式，全面推进城市管理精细化，施行科学、规范、系统的城市管理，不断提升城市管理效能和管理水平，尽快与国际城市管理惯例接轨。

（二）实施城市精细化管理，是创建全国文明城市的现实要求。"全国文明城市"称号是城市整体文明、和谐程度的综合性最高荣誉，是城市形象、品位和发展水平的集中体现。近年来，长沙市一直致力于全国文明城市创建工作，城市管理工作抓得如何，将直接关系到城市公共文明指数测评成绩，直接影响能否成功跻身全国文明城市行列。近年来，长沙市城市管理工作虽然取得了较好的成绩，但仍存在不少问题，有较大的提升空间，如城市环境卫生脏乱差的问题时有反弹、城市基础设施建设难以"求精"、城市管理长效机制仍未形成、部分市民文明意识有待增强等，这要求我们大力推进精细化管理，从小事做起、从细节做起，切实解决城市管理中存在的问题，确保创建全国文明城市目标的实现。

（三）实施城市精细化管理，是建设和谐宜居城市的内在要求。城市，让生活更美好。现代城市管理的核心理念就是最大限度地满足市民需求，为市民创造安居乐业的环境。当前，人们对城市管理的期望不仅体现在市容整洁、环境优美层面，而且还体现在城市公共基础设施是否便利，城市服务水平是否完善，生活是否和谐等方面，正因为如此，长沙提出了"建设具有国际视野的宜居城市、创业之都和幸福家园"的战略目标。而实现这一目标的重要前提，就是让城市的环境更加优美，让城市的服务更加完备，让居住者的生活质量不断地提高。这就迫切需要引入精细化管理理念，推进城市精细管理工作，认真审视城市建设管理中的细节，采取措施解决细节不美、不到位、不精致的问题，努力营造和谐宜居环境，让人民群众更好地分享城市发展的成果，对所居住的城市更满意。

三、坚持以精细化管理为抓手促进城市管理"五个大提升"

今年是"十二五"开局之年，是创建全国文明城市的决胜之年，也是实施城市国际化战略的起步之年，对城市管理工作提出了更新更高的要求。我们要坚持以精细化管理为抓手，加快完善城市管理网络、细化管理标准、落实管理责任、规范管理行为、强化监督手段、创新管理机制，努力促进城市环境卫生、市容市貌、市政设施建设维护、城市管理效能和管理队伍建设"五个大提升"。

（一）精扫细保，实现城市环境卫生大提升。"一净遮百丑、一脏乱全城"，城市环境卫生直接影响城市的形象，直接关系到城市的品质和宜居程度。要按照精确、细致、扎实、提高的要求，不断创新工作方法，推行精细作业、精细服务、精细管理，实现城市环境卫生管理的最佳效果。

（二）精细整治，实现城市市容市貌大提升。一是突出抓好城市主要干道和重要节点的提质改造。二是加强市容市貌专项整治工作。坚持以"市容整洁、景观优美、管理规范、市民满意"为目标。三是深入开展城市的亮化、绿化和美化工作，按照精细化的要求，提升城市整体形象。

（三）精心管理，实现城市市政设施建设维护大提升。一是认真抓好市政设施维护建设。二是着力打造市政精品工程。在工程项目建设中，既注重工程内在质量，又注重外观环境，从沟槽处理、基础施工、路面摊铺、人行道板铺装等环节精心组织、精雕细琢，处处体现细心，处处呈现精美。三是全面加强市政设施养护管理。制定细化管理标准和措施，优化流程，实现市政设施养护无缝隙、全覆盖、无死角管理。要明确责任，建立市政设施精细化管理长效机制。

（四）规范运行，实现城市管理效能大提升。城市管理工作要向信息化、科学化要效能，以智能化、精细化管理提升城市综合管理效能，实现城市的"科学、严格、精细、长效"管理。一是要进一步加强数字化城管信息平台建设。要本着"整合资源、提高效率"的原则，将城市地下管线、城市道路、环境卫生、市容监察、园林绿化、城市路灯、公交客运等信息管理一并纳入数字化管理系统，提升城市管理数字化平台功能。建立城市管理指挥调度中心、处置单位、专业处置队伍三级管理体制，并规范操作流，做到队伍建设、监督督办、考核评价"三个到位"。二是要完善城市管理机制。完善城市管理工作机制。进一步完善"两级政府、三级管理"的城市管理体制，充分发挥街道、社区在城市管理中的基层基础性作用。加强各部门之间的沟通合作，共同研究破解占道经营、乱搭乱建、渣土清运、扬尘污染等城管热点难点问题的治本之策，做到管理目标明确，责任到位，整体联动，提高效能。完善财政投入保障机制。按照城市管理长效机制需要，各级政府要加大对城市管理工作的经费投入，在财政预算上足额保障城市管理工作经费。建立健全城市管理精细化监督考评机制。坚持定性与定量相结合、检查与抽查相结合、分类指导与分类考核相结合，使检查考评工作更加科学合理。三是要提高城管执法水平。要始终坚持依法行政，执法为民的理念，规范执法行为，杜绝粗暴执法、不按程序执法等不文明执法行为，严格按法定权限和法定程序办事，全力打造长沙城管队伍执法为民的公众城管形象。

　　（五）精心打造，实现城市管理队伍建设大提升。推进城市精细化管理，队伍建设是关键。全市城市管理系统要坚持不懈地抓好队伍建设，适应现代城市管理需要。一是要强化队伍的教育培训。要突出执法业务和法律法规学习两个重点，狠抓常态化的教育培训；要有计划、分层次、分类别开展培训，大力选拔优秀城管干部参加各种学习培训；要开辟城管大讲堂，邀请专家学者举办讲课，不断提升城管干部职工的理念和能力素质。二是要加强城管协管员队伍管理。要坚持把协管员管理作为城管队伍建设的有机组成部分，制订完善城管协管员队伍考核监督机制，对违纪行为从严查处，对工作不力、不适应工作需要的，坚决予以辞退。三是要强化城管队伍内部考核。进一步完善考核标准，定期开展装备着装、队容风纪、工作实绩等方面检查，将检查结果与奖惩措施直接挂钩，从源头上解决"干好干坏一个样，干多干少一个样"的管理难题。四是要进一步加强城管宣传工作。及时报道城管工作动态，反映城管工作情况。对城管工作多进行正面宣传，以赢得广大市民对城管执法工作的了解、关注和支持。

在世界范围内做好基础设施建设，是一篇大文章，是一项功在当代利在千秋的人类社会发展重大历史工程。习近平总书记曾在2017年5月15日"一带一路"国际合作高峰论坛圆桌峰会上致开幕辞说："一带一路"核心是促进基础设施建设和互联互通。"一带一路"建设是在2013年提出的倡议。它的核心内容是促进基础设施建设和互联互通，对接各国政策和发展战略，深化务实合作，促进协调联动发展，实现共同繁荣。

当今世界正处在大发展大变革大调整之中。新一轮科技和产业革命正在孕育，新的增长动能不断积聚，各国利益深度融合，和平、发展、合作、共赢成为时代潮流。与此同时，全球发展中的深层次矛盾长期累积，未能得到有效解决。全球经济增长基础不够牢固，贸易和投资低迷，经济全球化遇到波折，发展不平衡加剧。战乱和冲突、恐怖主义、难民移民大规模流动等问题对世界经济的影响突出。面对挑战，各国都在探讨应对之策，也提出很多很好的发展战略和合作倡议。但是，在各国彼此依存、全球性挑战此起彼伏的今天，仅凭单个国家的力量难以独善其身，也无法解决世界面临的问题。只有对接各国彼此政策，在全球更大范围内整合经济要素和发展资源，才能形成合力，促进世界和平安宁。

峰会目的就是共商合作大计，共建合作平台，共享合作成果，让"一带一路"建设更好造福各国人民，并期待在以下方面取得积极成果：

第一，推动互利共赢，明确合作方向。大雁之所以能够穿越风雨、行稳致远，关键在于其结伴成行，相互借力。这为我们合作应对挑战、实现更好发展揭示了一个深刻道理。我们要本着伙伴精神，牢牢坚持共商、共建、共享，让政策沟通、设施联通、贸易畅通、资金融通、民心相通成为共同努力的目标。要坚持在开放中合作，在合作中共赢，不画地为牢，不设高门槛，不搞排他性安排，反对保护主义。"一带一路"建设需要和平稳定的环境。各国要加强合作，对话化解分歧，协商解决争端，共同维护地区安全稳定。

第二，密切政策协调，对接发展战略。加强政策协调，不搞以邻为壑，是应对国际金融危机的重要经验，也是当前世界经济发展的客观要求。大家基于自身国情制定发展战略，它们各有特色，但目标一致，有很多联系点和相通之处，可以做到相辅相成、相互促进。我们要以此为基础，建立政策协调对接机制，相互学习借鉴，并在这一基础上共同制定合作方案，共同采取合作行动，形成规划衔接、发展融合、利益共享局面。我们要把"一带一路"建设国际合作同落实联合国2030年可持续发展议程、二十国集团领导人杭州峰会成果结合起来，同亚太经合组织、东盟、非盟、欧亚经济联盟、欧盟、拉共体区域发展规划对接起来，同有关国家提出的发展规划协调起来，产生"一加一大于二"的效果。

第三，依托项目驱动，深化务实合作。路是走出来的，事业是干出来的。美好的蓝图变成现实，需要扎扎实实的行动。在基础设施联通方面，要推进铁路、公路等陆上大通道建设，加快海上港口建设，完善油气管道、电力输送、通信网络。在实体经济合作方面，要大力推进经济走廊建设，办好经贸、产业合作园区，进一步促进投资、聚合产业、带动就业，走创新发展之路。在贸易和投资自由化便利化方面，要推动自由贸易区建设，加强规则和标准体系相互兼容，提供更好的营商环境和机制保障，充分释放互联互通的积极效应。在金融合作方面，要拓展融资渠道，创新融资方式，降低融资成本，打通融资这一项目推进的关键环节。

民心相通是"一带一路"建设国际合作的重要内容。我们要深入开展人文领域交流合作，让合作更加包容，让合作基础更加坚实，让广大民众成为"一带一路"建设的主力军和受益者。

启示与感悟：

中国经济社会发展日新月异。中国发展必将促进世界发展。财富世界，集中体现在物质财富的积累上，社会基础设施的不断完善，必将促进生活各个方面的有效联动发展。城市建设集中体现在居民住房、公共设施、商业网点、港口机场、桥梁隧道等重大项目。特别是南有粤港澳大湾区建设，北有以雄安新区为依托的津京冀一体化建设，中东部有长江经济带建设，这些项目大多是上市公司的优质资产，随着社会发展的不断深入，及民众生活和购买力的不断提升，必将对这类上市公司的股价有着直接的推动作用，财富积累甚至快速增长，也是可以期待的。随着我国财富倍增，集中体现在各类资产的货币化和证券化。资本市场，特别是股票市场，将不断吸引世人眼球，必将吸引亿万投资理财者侧目中国股市这一庞大金融市场。遥望不远的未来，中国股市市值，随着中国经济在世界经济的崛起，必将傲视群雄。沪港通、深港通、沪伦通及 MSCI 指数相关投资人，必将助力中国实体经济更上一层楼，特别是基础设施的国内外大发展，在各方资金的大力汇聚和助推之下，不断走向新的更宽阔的康庄大道。

启示 21

"胜在心理"话"商道"

老子在《道德经》中说：上善若水，是教导人们要向水学习，乐于"居善地"，顺大势，行大爱。水的德是不与万物相争，应天地万物自然生存之道。上善若水，水利万物，而不与万物争，犹如圣人，为善当如水，谦谦低语，顺势而流，随物施功，随时善用，去高就下，行止无心，流止如然，滋润万物，而与万物无争。古代圣人贤哲用道德来教化人民，舍己为公，公而无私。即使是身处卑污下贱的地方，也不择地而流，而顺自然谦恭而行，默默流淌。水的品质体现在居善地、心善渊、与善仁、言善信、政善治、事善能、动善时几个方面。

我们分析了"上善若水"的良好品质后，就会发现，老子通过水的品质引申我们做人也要学习水。上善就是孔子主张的"仁"，因为"仁义礼智信、温良恭俭让"这些品质都属于德的范畴，但是"仁"是众德或众善之长。仁的特征是爱人，是宽恕人，就是我们平时说的"己所不欲勿施于人"。

居善地。善地，指安静无事之地。险峻和是非之地不是善地。

水性的善，去上就下，险峻不居，以贞静自守，以柔顺自安，行止如然，妙用无方。居，每个人都想找一个好的地方待着。什么样的地方是好地方呢？低洼的地方。因为水是往低处流的，所以，做人也要待在低的地方，就没有风险啦。不是说"人往高处走，水往低处流"吗？老子为什么要让我们居低呢？人往高处走，这是目标，如何达到这个目标呢？要通过居低处，才能实现真正的高处，如果为了居高，而自己真地跑到高处，反而会跌入万丈深渊。江海为什么能成为百谷之王，因为江海居于低处，所有的水都汇集到这里，最终流向大海，这就是人们常说的"地低成海"。做人，如果能时刻把自己的位置放低，让那些有才能的人都奔向你，你的事业才可以做大，也就财源滚滚而至啦，这就是人要谦卑，低者为上，人低成王的哲理。做人，要低调，只为引得更多善者智者从善如流，渐成大势主流。做事，要高调，只为严于律己，实则低调谦恭而行。

心善渊。深妙不可测度为渊。水无心，光明涵于内，沉静表于外，能与万物习性相和，能和万物之形相随。言为心声，行为所思。人的一言一行，皆是内心世界的外在表现。此处所言心善渊，是告诫我们，人心可读不可测，行市可研不可断，如测如断，皆随自然。我们常说，市场是最公道的。我们要敬畏市场，要尊重市场，按照市场基本规律行事，然而，市场又是众人所思所想所为之市场。不乏人为决策的蛛丝马迹，所以，市场玄妙不可测就是此理。要深思熟虑，方能解读其中玄妙真谛。我们在为人处世、投资理财的博弈中，大多浅尝辄止，不是不肯下深功夫，而是根本就不会或不善于下功夫，缺乏自我管理约束能力，天生懒散，甚至好逸恶劳，不善于修心，不善于自我历练，不善于随市场变化而变化。试想，雪域高原的冰峰，是如何在阳光和温度的驱使下，变化成水滴、小溪、河流，最终汇入江海的。在汇入江海的路上，遭遇过多少凶险阻隔之困，不无沉静细流，顺势而为，孜孜以求，与万物相随相生，借万物之形奔涌向前，直到海天一色，浩瀚无边。问心要深，探渊要远，静以求深，宁静致远，以此理折射商海人生，财富路上，更是激流险滩，风险重重，唯有潜心分析研究，默默耕耘、坚忍守候，守得住寂寞，方能拥抱繁华。

与善仁。水德，施于万物而不伐自功，利万物而不求报恩。化作雨露，万物都能得到它的德泽，江河奔流，舟楫可渡，润世间万物，解生灵饥渴。水性仁慈，大度豪情，教导沧海人生，要乐善好施。为商为富者，要胸怀天下，誓做儒商大商，仁爱智商，能够收获真心真爱之商，才是真大商儒商。为商者，并非唯利是图，为商的最高境界就是求得自身内心的一种安逸和从容。为商理财者，应以双赢多赢为出发点，犹如师者，传道、授业、解惑，只为他人得以提升，才是自己的提升。身为人师，应竭诚加强自我修炼，传道授业，自强不息！当以三心自律：一是爱心；二是耐心；三是恒心。一说爱心。此处特指广大教师、员工、学生，均要有一个自爱、自强、心态阳光、品德厚重的大爱之心。爱工作、爱岗位、爱学生成长、爱事业兴旺、爱集体拼搏向上、爱国家繁荣富强。二说耐心。尤指广大教师、员工、学生均要有一种淡定、从容、大度的胸怀和度量。面对信息数据纷繁复杂、各种诱惑充斥的大变革、大开放的历史时刻，我们更要以百倍的耐心，用真情和善心去面对自己的成长，学会等待、忍耐，允许自己和别人的失败和不尽如人意，因为，我们开创的是一个全新的未来。让失败、挫折和不如意，来得更猛烈些吧！我要成长！春播、夏长、秋收、冬藏，我们深深懂得，知识和力量要用耐心去培育和储藏。知识和力量，到用时方恨少！心态，决定成败！阳光、积极的心态，能够化险为夷，抵御风霜雪雨！笑对世界，整个世界都属于你。三说恒心。为人为师，均要有终身学习的毅力与恒心。社会大学，才是我们每个人永远没有毕业时刻的大学季，要有终身学习的从容、长久之淡定心态，向历史学习、向别人学习、向社会实践学习、向成功和失败学习。打铁还须自身硬，予人一碗水，自己当有几碗水。要活到老、学到老、改造到老、自我提升到老。

言善信。商海博弈，当以诚信为本。言必信，行必果，君子一言驷马难追。李嘉诚曾经说过：我的生意比别人做得大些，其实原理很简单，就是在生意的过程中，本该赚 10 元，我只拿 9 元，给对方多留一块，因为大部分人只想多赚一些，于是，更多的人就愿意与我做生意了，结果，时间长了，我反而赚得更多了，有了规模收益了。所以，让别人能够明显多受益，多赚钱，其最终结果会宾客盈门，生意满天下，财源滚滚而来。其实，以诚信打天下，本质上，是在以舍利让利为自己做广告宣传，而且省去了很多广告宣传的时间成本和物质成本。犹如国际贸易中的信用证业务，即使买卖双方不曾见面或商业信誉不确定，只要做到单单相符、单证一致，开证银行就保证承付货款，即使货物已经灭失或受损，这其中强调的就

131

是信用，而且是银行信用，而非商业信用，而这种银行信用是来源于买卖双方的商业信用合同或订单。要重合同守信用，严格按照合同要求开立信用证，只有严格按照合同要求或双方商定的内容开立信用证，才能够将商业信用转化为银行信用，而两种信用的根本特点还是体现诚信为本的原则。

政善治。水生万物，富有深刻政治哲理。水可升华，化为云雾、雨露，洁净空气、润泽乾坤，降为雨水，又汇聚成江河、海洋。老子说：水德唯无私。从政管理，柔和而有序，老子的寓意是：政务要善于调治，治大国如烹小鲜，事情要善于去做，行动要善于掌握时机。也就是要善于认识和遵循事物自然和社会发展的客观规律，要顺势而为。不要违背客观规律，不要逆潮流而动。行政管理是政治，做事要选择有才能有品德的人，行动要与时俱进、与势俱进即随机应变，核心是该正的一定要正，堂堂正正、正大光明、光明磊落，才能和品德兼备，与时俱进、与势俱进必不可少。

党的十九届三中全会提出，深化党和国家机构改革是推进国家治理体系和治理能力现代化的一场深刻变革。《党和国家机构改革方案》的推出是中国特色社会主义制度的重要组成部分，是我们党治国理政的重要保障。中国特色社会主义进入新时代，我国社会主要矛盾发生历史性变化，决胜全面建成小康社会、全面建设社会主义现代化国家新征程已经开启，面对新时代新任务提出的新要求，党中央因时制宜、顺应民心，作出了改革党和国家领导机构的决定。深化党和国家机构改革的目标是，构建系统完备、科学规范、运行高效的党和国家机构职能体系，形成总揽全局、协调各方的党的领导体系，职责明确、依法行政的政府治理体系，推动人大、政府、政协、监察机关、审判机关、检察机关、人民团体、企事业单位、社会组织等在党的统一领导下协调行动、增强合力，全面提高国家治理能力和治理水平。既要立足实现第一个百年奋斗目标，针对突出矛盾，抓重点、补短板、强弱项、防风险，从党和国家机构职能上为决胜全面建成小康社会提供保障；又要着眼于实现第二个百年奋斗目标，注重解决事关长远的体制机制问题，打基础、立支柱、定架构，为形成更加完善的中国特色社会主义制度创造有利条件。国家大政方针明晰可见，各级单位、组织及个人，也要顺大势而动，规范自己的言行，做到勤奋谋划，善于管理自己的一言一行。当今世界，政治力量与政治智慧已成为市场营销组合的重要力量。

事善能。行事要根据自己能力，量力而行，贵其能力有所不及，不及者，方有努力的时空机遇。水之善处善能，贵在多处多能，无所不能，泽润乾坤，滋生万物，行舟渡筏，都是水之多善多能之品质。所以说"事善能"，即无所不能，不管遇到何种艰难险阻，都会有解决的方法策略。能成事者，主要看你是否已经具备解决问题的能力，但有时，无为胜有为，不做或不马上做，才是成事的关键所在，有时等待、忍耐、观望或休息才是一种最有效的战斗，正所谓"有所不为才能孕育更大的有所作为"。所以，平时要多历练自己的综合技能，从知识、能力和素养等多方面，都要强化自己去应对将来更大的挑战。前面所讲的"时空价量四维投资法解析"，就是投资理财者的必修课，非下苦功不可。还要走出一条自己行之有效的行为准则，大道致简，惟小道各有千秋，就是体现在"时空价量"的千变万化组合的过程中。水能载舟，亦能覆舟，不为贪欲遮望眼，时刻想着，万事皆有峰回路转。

动善时。择机而行不妄动，可行则行，可止则止。水作为一种物质，能随着圆的容器而变成圆形，能随着方形容器而变成方形。遇热蒸腾便化为云雾、蒸汽，遇到氤氲便变成雨水。不做逆人的事，不违背天时，自然地适应时机，随时随地而妙动成行。人如果能不违背天时，不逆势而为，能够顺势而为，可行则行，可止则止，事不妄为，言不妄发，就会达到水动善时的境界。但唯有人之贪欲和恐惧作祟，大多败在自己的过于贪婪或过于恐惧之中，是贪婪和恐惧有余，还是贪婪和恐惧不足，行为决策，因人而异，结果也就截然不同。巴菲特所说：别人贪婪我恐惧，别人恐惧我贪婪。这里关键就是一个善时善量的问题。凡事过犹不及，没有不想真正赚钱盈利的。但赔钱亏损者，大都是败在没有真正理解和践行"动善时"上。会买的是徒弟，会卖的才是师傅，因为投资理财，终极目的是获取最大收益，只有交易彻底结束了，账户的余额才是最好的证据，但有时，兵不厌诈，诱兵挑战，佯败示敌，诱敌深入，看似悔不当初、追悔莫及，实则诱敌深入以求全歼来犯之敌。这里还是体现了一个"动善时"的高超运筹之理。在贯彻执行"动善时"的理念中，要时刻历练自己的综合决策能力。要善于做深入细致的分析研究，中国传统的智慧决策，惯用"一命二运三风水，四积阴德五读书"，就是说，你作任何决策之时，要看看你所处时代，不同生命阶段对应着不同时代背景，遇上太平盛世、社会文明不断提升，就是成功的开始，但还要看你所处的时空价量资源，你是否能看到并有能力抓住机会善时介入，风水之说也体现在时空价量上，还要厚植仁德，和善做人做事，那就要扑下身子，博览群书，不断丰富自己的综合技能，为此，方能守正出奇，游刃有余，赢得长久。

启示与感悟：

首先，人贵有自知之明。你要发挥自己的优势，永远做自己最擅长的事，永远做自己能够比别人做得更好的工作。"事善能"要追求的也是这样的一种境界。要达到这种境界，人们就应对自己最擅长的或能够提升自己竞争优势的方面做到心中有数。但遗憾的是，有的人终其一生都不了解自己的职业抱负。他们不知道自己想要的东西是什么，不愿意接受挑战，对自己缺乏信心，担心失败而失去现有的工作。有的人即使有抱负，但却不知道如何去实现这些抱负，这种心态使他们终日忙忙碌碌却收获甚微。第二，明确自己的优势和劣势。正如一个人的性格很难改变一样，一个人的劣势也是很难改变的。尺有所短寸有所长。有时你的无知无欲，恰恰让你躲过的是灾难和险情。第三，要做到"事善能"，即必须懂得坚持，耐得住寂寞，才能拥抱繁华。老子讲："大器晚成"，意思是说，最贵重的器皿总是在最后制成。同样，超人的能力也不是短期培养和锻炼出来的，要经过长期艰苦的磨炼，甚至要经历失败。所以，贵在坚持，不能急于求成。第四，以"博弈"理论把握不同阶段动态、静态及优势和劣势的转化。一个人一生中，随着年龄和阅历的变化，优势和劣势也在发生变化。最后，要"事善能"，就意味着与众不同，要有自己的独门绝技。老子在《道德经》中详尽地阐述了道家的"冷门原则",独特原则,因为财不入急门,福不走偏门。"大智若愚""人多之处有险情",要时刻心存风险意识。财富博弈,资金安全始终是第一要务。

启示 22

股海人生　战歌嘹亮

　　股市如人生！胜出者，欢声笑语，失败者，更应扪心自问。没有无缘无故的失败，更没有无缘无故的成功。成与败，赚与赔，都是财富博弈的两个方面，有时，成在股海，败在股外，也有时，败在股海，成在股外。人生无处不战场。成功可贵，但有时失败更显弥足珍贵，因为，失败者将挫折和压力变成今后的动力和智慧，会深入反思，总结经验教训，去争取决战的最终胜利。而作为经验教训的范例，以警示更多应战者，何种情势，当如何规避风险，警钟作用，价值无限。

　　股海人生，无风不起浪，无风也起浪，只是风源浪源，远超你想象，貌似空穴来风，实则事出有因！只有先知先觉者，方能度其缘，观其走势，查其峰谷。无洞也掘蟹！无欲则刚，以不变应万变，平常精练内功，做好笔耕，方能写好百变人生。宁静致远，处惊不乱！不求天地阳光雨露泽己，只图报效父母世间养育感激之恩。克己顺势，才能所向无敌。无知者无畏，心无旁骛，不为一时一事得失所困，志存高远，常怀感恩之心。司马迁在《货殖列传》有曰：

贵极反贱、贱极反贵；贵出粪土、贱取珠玉！机会，总是在低迷中孕育！机会，总是留给有准备之人！宝剑锋从磨砺出，梅花香自苦寒来！钱要赚，志更坚！股海人生，志存高远！咬定青山不放松，立根原在破岩中！千磨万击还坚韧，任尔东西南北风！（郑板桥）。低价出财富！理财如人生，应该在最低迷、最苦闷、最廉价之处着手，方能博取最大收益。只要方向明晰，大势已定，不畏一切风吹草动，越低越买，黄沙吹净始见金！彩虹，总在风雨后！小吃亏、善让利，能成大福大贵！吃得苦中苦，愿做普通人。心态好，一切都好，人生处处是战场。低调做人，苦练内功，高调做事，严以律己。

有时，要坚信自己，勇于尝鲜，敢于涉险。炒股，要有割肉之仁忍、让利之义举、低吸之睿智！要出师有名，事出有凭有据，凭据之后要有更大更坚实的凭据予以支持！消息满天飞，落到我心化乌有！一切兼听不必信！万事兼信不必听！尔心主宰尔等言行！你就是你的上帝和女神！行为要有头有尾，上船之时，就应预测到如何下船！何时何地何景下船！否则，不是误入歧途，就是又回到起点！有志者事竟成，只有志向明确，且坚持不懈的人，才有可能到达光辉的顶点！投资理财，贵在忍耐和等待！看清方向和大势之后，可以给自己放长假，去周游世界！财富，赢在路上！

人海茫茫，股海人生，知己知彼，方能百战不殆。自身立命当自强。在确信大底就在脚下之际，可主动小股部队诱兵入套，大兵抄底，所谓在市道最低迷最恐惧之时，我当最贪婪最坚定介入。有时，坚持只买处于上升通道的股票，坚决不买大头之后下降通道的股票，如果股票一直处在上升通道，就应该把握住机会，坚持持有。凡事从无知到有知！从必然王国到自由王国！只有心中有梦想，脚下才有灵感、斗志和希望，因为人生最珍贵的是要感受在不断地探寻、进步和成长，最辉煌的乐章是播放在人生的路上！即使会出现暂时的迂回曲折、方向迷茫！不忘初心，战歌嘹亮，心向远方。在上升通道的下轨买进股票，然后持有，等到上升通道发生了明显的变化时，就要果断卖出，不要犹豫。沉舟侧畔千帆过，病树前头万木春！天涯何处无芳草。要深知，放弃和给予，也是一种获取！如果你误买了下降通道中的股票，一定要赶紧卖出，避免损失扩大。如果买的股票目前还没有损失，但已经进入下降轨道，也要赶紧退出观望。要随时修正自己！要敢于自我批评！壮士断腕，铭刻心里！

如果股票一直处在下降通道中，就应该始终握住金钱，坚持观望，千万不要脑袋一热就抄底！在下降通道的上轨卖出股票，然后耐心等待上升通道的出现，不要指望买到最低点的股票，不要频繁试图抄底。百忍千磨，结成正果！宁静致远！等待，再等待，狙击手的成功，大多是靠等待和忍耐来完成任务的。等待和反思，周密研判，是智慧的沃土！因为你在用心完善着自我、关注着一切相关信息的动态。从而不断历练自己敏锐而精准的预测能力。人生向未来，预期性凸显人生智慧的运筹。不是上升通道的股票，或跌无可跌持续缩量的股票，根本不要入你法眼。管它将来怎么样，不要陪主力去等待和建仓，散户可没时间陪他们耗着。在人生的道路上，会听到很多的声音，还是那句话，走自己的路，让别人去说吧！因为生命在你手中！你还不甚成熟！要跟着自己的感觉走！对于那些局面复杂、自己看不清的股票，千万不要贸然进去，柿子捡软的捏，炒股也是一样。商场如战场！兵不厌诈！知己知彼，百战百胜！运筹帷幄，决胜千里！不要把所有的钱一次性买进同一只股票，不要把所有鸡蛋放在一个篮子里。即便你非常看好它，也不要一次性买进，因为市场瞬息万变，谁也不知道明天会发生什么，说不定以后可以买得更低，或者有更好的机会买进。但有时，也要集中优势兵力打歼灭战，如此，才能获取规模效益。

启示与感悟：

人生如数，一生二，二生三，三生无限！不要为一时一事的失败而过分懊恼和过分沮丧，塞翁失马焉知非福，或许，转机马上来临。也不必为一时一事的成功冲昏了头脑，人往往在鲜花和掌声中忘乎所以，放松警惕，殊不知，失败的魔鬼，就在此时乘虚而入，大举反扑。万事均事出有因。积少成多，集腋成裘，积沙成塔！罗马不是一天建成的！赢钱时加仓，输钱时减码，如果你不想死得早而想赚得多，这是唯一的方法。幸运，亦可孕育着危局！失败，有时是一种成功！对待自己，既要防止"棒杀"、一蹶不振！更要谨防"捧杀"、乐极生悲！股票很便宜了，跌了很多了，价格很低了，这都不是你买入的理由，永远不是，它还可能更加便宜！有时，宁懒勿勤，太勤奋、太积极了，等于找死。有时股价已很贵了，已经涨了很多了，上涨30%50%啦，也不是你拒绝买入或者卖出的理由。它还可能涨得更高！上涨10倍也是可能的。万事，既有好上加好、锦上添花！亦有雪上加霜、每况愈下之势。财富博弈，且战且珍惜，且战且休息，且赢且转移，只有将斩获的财富，转化成实实在在的生活，感恩社会、反哺家人、犒劳自己，提升了生活品质，才算是真赚真赢。

邮市电子盘崩盘进行时

　　时间已来到 2018 年 11 月 5 日，邮市电子盘随邮市低迷及股市等金融市场去杠杆的深入推进，几乎来到跌无可跌的惨烈境地。但任何财富市场，在崩盘之后，都要经历较长时间的休养生息、缓慢复苏试图再度崛起的慢慢长路。想当年，电子盘刚刚兴起之时，实物市场已经风生水起。因为，电子盘的上市交易模式是，上市单一品种必须拥有一定的数量，当时定在大约 200 万元。而大多上市品种，对上市主力投资商来讲，还必须在二级市场持续收购，才能达到这一上市数量门槛要求，所以，但凡市场有放量扫货现象，大多是主力收集筹码预期登录电子盘品种。而大凡上市品种，价格都是持续大幅上涨。而初期的参与者，不管是坐庄主力、还是跟风入货及买入者，但凡收手离场者，大多斩获丰厚，但其间恶意炒作，自我买卖，虚假繁荣，引不明真相新进介入者，在大盘崩盘之际，只有在劫难逃。本人最早介入了首家邮市电子盘南京文化产权交易所，简称南交所，南京文化艺术产权交易所钱币邮票交易中心于 2013 年 8 月 23 日正式成立。但本人始终未敢真实入钱买入，虽然当时各地代理商疯狂介绍建议入钱参与交易。后来北京文化产权交易所，再后来河北文交所等各类电子盘纷纷闪亮登场。当时，有邮市朋友参与者，自诩赚钱颇丰，但本人当时就断定，此景必遭短命，因为，此类电子盘的本质已演变成十足的欺骗，只要靠不明真相的冒险家新鲜入市，才能有接盘后市，此类庞氏骗局不可持久。同样的产品，如洛神赋图小版票，实物货，只有 100 元一版，而电子盘上的此类货被炒到 5000 元。

本人分析，出现电子盘短时的繁荣，与当时的股市场内加杠杆、场外疯狂配资叠加共振密不可分。特别是投资理财市场历史性巧遇互联网金融理念疯狂大爆发密不可分。加上各路财经专家、投资名人纷纷出手，参与市场运作，也助推了市场一时的虚假繁荣。当时，市场趋热，一些听起来令人振奋的新闻报道不绝于耳。如 2014 年 8 至 9 月间，来自东方财富网股吧的报道。中国江苏网 8 月 13 日讯：南京文交所连续发了数天的风险警示，依旧难挡游资跑步入市的热情。据悉，南京文交所挂牌上市的邮票、钱币交易品种，已陷入上涨癫狂状态，在这场资金博傻的游戏中，引发了投资者的担忧。分析人士称，部分品种已有大户抛售的迹象，此时，个人散户如再盲目追高和参与，或成为大户"猎杀"对象。有挂牌藏品 1 月翻了 5 倍。"这个市场太疯狂了，根本看不懂。"有着 20 年股票、邮票"双栖"投资经验的刘好先生感叹道。他在上周四，以 550 元的价格卖出了名为"爱心错片"的南京文交所挂牌藏品，仅隔了 5 天时间，卖出的藏品已飞到了 805.3 元，持有 100 枚"爱心错片"，早卖了 5 天，少赚了 2.55 万元。在这位资深投资人眼中，南京文交所的挂牌藏品已陷入了癫狂状态。该人士表示，除了"爱心错片"外，"凤翔丝绸小版张"从7月25日19.01元启动，交易价格在8月9日已达到了35.9元，这意味着，在半个月前，拿着1.9万元入市，最高能赚到1.6万元，收益率高达8成以上。"三轮虎大板"在3至4月份经历一轮暴涨，8月初还在700元之下，周一最高已飞到1080元，仅一周时间，涨幅也达到了50%。更有甚者，"三轮虎大板"最疯狂时，竟然飙升至6万元一版。虽然，相关媒体不断报道风险警示，但各类风险预警反倒加速飙升走势，直至管理层出手。

"我们已注意到市场快速上涨累积的风险，交易所正从多个方面提示投资者可能面临的风险，已经发布了5次风险警示。"南京文交所有关负责人指出。据介绍，文交所从上周开始，连续多日发布了"投资有风险"的警示，"我们更希望相关藏品稳健上涨，过快上涨对整个市场不利"。

该人士称，除了发布风险警示外，我们也在不断修改和完善交易规则，比如，对于过分脱离二级市场的挂牌品种，将会重新入市注册，这相当于一次扩容。另外，内部对于涨幅过大的品种，开始关注大户持仓和交易状况，下一步拟逐步推出相关规则，以此增加市场的稳定性和透明度。散户追涨或成牺牲品，"这个市场容量不大，游资大户逼空行情特征非常明显，考验着交易所的风险控制能力"，市场人士张亮先生向记者表示。他说，虽然多道风险警示牌打出，但目前市场的部分品种依旧癫狂，昨日依旧有11个品种涨停。一位参与交易所投资的大户梁先生告诉记者："我们已经开始抛出所有的持仓，等待挂牌品种价格回归。目前涨幅过大的品种将面临一轮下跌的风险，并且这次下跌速度可能很快。"他补充说，在开盘附近果断卖出羊年流通币、建国钞、凤翔丝绸小版张等。"这些品种可能会出现 20% 至 30% 的跌幅，之后，在价格企稳后，可能会稳步上涨。"

2014 年 9 月 11 日，有网友报道，题为疯狂的邮市——电子盘几乎全线涨停。该网友说，今天中国三大文交所邮币平台继续疯狂，113 个交易品种全部翻红，涨停收盘的就有 100 种。三个电子市场总共成交 3.3 亿多元。由于投资人普遍看好后市，信心十足，惜售心理强烈，致成交量有所萎缩，但继续保持向上姿态短期内不改。疯狂的上涨，疯狂的抢筹，疯狂的投资，疯狂的赚钱，已成一道靓丽的风景。吸人眼球的赚钱效应，吸引着更多的资金冲进来，进而推动另一波的疯狂……南京文交所是全国第一家开办邮币交易平台的，上市交易邮币 39 个品种，无论是涨幅还是成交量稳居三大交易所之首。9 月 11 日钱币，邮票和封片三大板块总计成交 3.04 亿元，35 个品种冲涨停收盘。尽管个别品种价格与现货市场的价格相差巨大，仍然交投活跃，反映出投资人的十足信心。南京综合指数报收 659.41，上涨 8.46%。钱币板块上涨 7.4%，邮票板块上涨 10%，邮票全部品种涨停收盘。

当时，此类报道充斥整个集邮市场，已属于十足的疯狂市场。老话讲，上帝要使其灭亡，必先使其疯狂。本人不仅自始至终没有参与电子盘炒作，还利用那些在二级市场疯狂收集筹码的坐庄主力抄手，循序渐进地派发我手中的现货筹码，品种之多，获利之丰厚，可谓赚得盆满钵满。如洛神赋图小版票，约 10 元一版平均成本买入

10000 版，最高原包卖出价高达 120 元一版，原包一包 200 版，我记得是 2300 元买入的，卖出价高达 24000 元。丝绸四、丝绸五和牡丹丝绸，分别约 13 元、12 元和 50 元一版买进几万版，最高卖出价高达 80 元、70 元和 300 元一版。

疯狂已经过去。放眼当下，市场盘整修复还在进行中。大凡市场，就会有涨有跌，有暴涨，就会有暴跌。而且，一个国家或地区的金融市场的不同投资品市场，均有联动效应。当前，股市也在调整修复当中，如果股市再次呈现持续繁荣走势，也必将助推资本溢出效应加速溢出，股市活，金融市场活，才能有邮市活路，才能有回流资本至相关投资理财市场，到时，钱币邮票、古玩字画及工艺品收藏市场也会风生水起。

到目前为止，全国钱币邮票电子盘已全部偃旗息鼓，并已尝试转入商城实物经营模式。本人认为，还是沿袭专营市场加专营店的实物买卖模式，如果有网上电子盘交易，一定要以实物交易为载体。全国也应控制在几家即可，如北京、上海、广州、武汉、沈阳等中心城市。交易规则当仔细斟酌。

下面是邮市知名人士吞寸木的最新市场展望：2018 年是邮票钱币电子盘最为关键的一年。他说，2017 年即将过去，对于邮票钱币电子盘投资者来说，即将过去的一年是最黑暗、最为痛不欲生的一年。而即将到来的 2018 年则是电子盘的复盘年，邮票钱币电子盘将在这一年实现起死回生。

1. 2017 年是邮票钱币电子盘的历劫之年

自今年 6 月 30 日以来，邮票钱币电子盘全国性的停盘已近半年，其间，投资者的抗争、无奈、沉沦弥漫整个邮市。2017 年下半年，邮票钱币电子盘因整顿停盘而死亡。在一片死寂中，唯一给投资者以希望的是电子盘没有像比特币那样被取缔，只是停盘，因而存在着复盘的希望。尽管不是原模式复盘，是政府强推的 T＋5 交易模式，但能复盘总是好事，说明邮票钱币电子盘还能死而复生。

2. 2018 年是邮票钱币电子盘的复盘年

明年春节前存在着一两个电子盘复盘的希望，其中最有可能在春节前复盘的是由原江苏和南京两大电子盘合并组建的新江苏邮票钱币交易中心，而电子盘全国性复盘可能要等到明年三四月份。但可以肯定的是，明年上半年，全国新组建的邮票钱币电子盘将全部复盘。因此，2018 年是邮票钱币电子盘的复盘年。

3. 2018 年更是邮票钱币电子盘的涅槃重生年

待邮票钱币电子盘实现全国性复盘以后，电子盘就会实现重生。虽然新建立的邮票钱币电子盘由于政府强推 T＋5 交易模式，已与原来的电子盘面目全非，但能够以"互联网＋"的形式存在，继续实行价格优先的交易规则，不得不承认新建立的电子盘还是保留了交易便捷、资金安全、品相有保障等原有电子盘的优势，消除了投资者的后顾之忧。

只要能复盘，电子盘就可实现涅槃重生。因此，毫不夸张地说，2018 年就是邮票钱币电子盘的涅槃重生年。

能否真正涅槃重生，还要看全国邮票钱币电子盘的新建盘的数量。数量越少，起死回生效果越好，如能将新建邮票钱币电子盘的数量控制在五六家左右，则效果会达到最佳。

本次对邮票钱币电子盘的整顿，由于整顿的方向性错误，不解决电子盘在发售模式方面存在的种种问题，只是针对交易模式痛下杀手，使整顿的成果归零。但在电子盘的数量控制方面，却是一个例外，邮票钱币电子盘如能真正由 134 家缩减至五到十家，这对今后邮票钱币电子盘的再度辉煌无疑埋下了伏笔。如能在政策大框架下通过技术创新实现事实上的 T + 1 交易，则邮票钱币电子盘的大行情还是可以期待的。

4. 邮票钱币电子盘要恢复元气尚需时日

本轮整顿，邮票钱币电子盘已奄奄一息，由死亡再到重生，元气不是短期内能够恢复的，特别是 T + 5 交易模式，对电子盘是一个致命的打击。因此，短期内恢复元气，产生行情的想法过于天真，但如果就此断定邮票钱币电子盘从此消沉、已经彻底完蛋也为时尚早。

作为一个新兴的投资市场，笔者相信有其自身的运行规律，非人为因素能够改变。生成、成长、发展、衰亡是一个必经的过程，邮票钱币电子盘只有短短的四年时间，尚处于生成至成长的阶段。成长阶段还没有充分展开，更没有经历发展阶段，是不可能就直接进入死亡阶段的。邮票钱币电子盘在最为严厉的整顿下能够死而复生，其本身就是一个奇迹，是其具有顽强生命力的体现，符合新兴投资市场自身的运行规律。

相信经过二三年的元气恢复，甚至更短的时间，邮票钱币电子盘还会再创辉煌。作为邮票钱币电子盘的第一批投资者，虽然我们因贪心而错失了令人激动不已的"528"前的大行情，但所有的资本市场都有一个不变的规律，即第一批投资者是获利最多、获利人数最广的群体。因此，我们绝不可妄自菲薄，坚持自己的投资信念，坚定地向财富人生的目标迈进。

启示与感悟：

文化产品收藏，是个特殊行业，特别是当前人民生活普遍得到了大幅提升，有闲钱、闲时、闲趣，自然要去寻找生活和生存的更大空间和乐趣，以期获得更大的经济物质和精神文化的综合收益。疯狂已成过去。放眼当下，市场盘整修复还在进行中。大凡市场，就会有涨有跌，有暴涨，就会有暴跌。而且，一个国家或地区金融市场不同的投资品板块，均有联动效应。当前，股市也在调整修复当中，如果股市再次呈现持续繁荣走势，也必将助推资本溢出效应加速溢出，股市活，金融市场活，才能有邮市的活路，才能有回流资本至相关投资理财市场，到时，钱币邮票、古玩字画及工艺品收藏市场也会风生水起，所谓盛世收藏。文化收藏与鉴赏，值得发扬光大，国家和政府将会鼓励文化产业不断繁荣昌盛，特别是要积极宣传我国特有的传统特色文化产品化、实物化，早日走向世界，随着中华民族经济建设的伟大复兴，中华文化复兴也必将如影随形，共建共荣。凡事过犹不及，饮鸩止渴、盲目跟风、恶意炒作均不可取，兼听则明、偏信则暗，任何信息，都应该仔细斟酌、深入研判。财富弄人，财富促人，财富引人，财富育人。要尊重财富、重视财富，文化产品，既是财富，更是文化，是精神，是精气神。凡涉足者，要有儒商大商大雅之从容与淡定，精神文化的收藏与鉴赏，是在与先人志士对话，在与历史握手，此等财富和幸福感当与世界分享。

启示 24

全球黄金大转移

本人起笔开始写作"黄金、货币与汇率"系列性随笔感言，就是源于世界黄金市场的大幅波动，价格摸高暴跌的初始。全球黄金大转移！2013年5月8日，黄金暴跌，迎来亚洲疯狂的抄底资金。五一期间，中国狂抢300吨黄金！印度、日本、韩国等亚洲国家民众钟情黄金，各有其社会经济消费习俗。奉劝中国黄金买家，今后3至5年，抑或更长时日，谨记两防：一防中国狂抢黄金被长期套牢；二防中国股市被外资历史性抄大底。当前，QFII及RQFII正携或明或暗大鳄资金觊觎A股，毕竟，市盈率仅仅9.6倍，远低于欧洲12倍，美国14倍。不想多年后痛心看到这样的尴尬景象：中国以均价350元一克投资黄金，3至5年之后，只得250元出手，且信誓旦旦地去狂买正在冲顶沪指6124的A股！谨记！谨记！

近期，黄金继续从发达经济体向新兴经济体转移，这是建立国际货币体系的需要。在黄金迎来三十年最大的单日暴跌之后，迎来抄底资金，北京时间4月25日晚11点，纽约期金顺利突破每盎司1450美元的关键点位，形成V型反转的走势。

全球黄金正在向新兴市场转型。最明显的标志是，黄金大跌之后，中国各大城市金条卖断货。官方储备增长缓慢与民间储备增长强劲形成鲜明对比。根据最新的数据，中国官方黄金持有量1054.1吨，占外汇储备总额的1.6%，低于国际平均水平的10%。日前由中国黄金协会发布的《2012中国黄金行业社会责任报告》显示，我国民间黄金储量大约6000吨，虽然人均只有4.6克，与全球人均20克的差距很大。但是，中国民间藏金的增速不容小视，在截至2009年的5年内，中国黄金消费需求平均年增速为13%，2009年当年，中国已经超过南非成为世界第一黄金生产国（实现313.98吨），超过印度成为世界第一消费国。

爱金成癖的印度在黄金下跌时同样出现了一波抢金潮，在印度最大的黄金市场孟买，在16日和17日两天，平均消费了4吨黄金，比上季度每天平均1吨的消费量上涨了3倍。印度民间的黄金储备量十分惊人，民间黄金储备（含黄金饰品）高达15000吨，占世界黄金总量的10%。相比而言，印度官方黄金持有量仅557.7吨，占外汇储备总额的9.6%。为了避免进口石油与贵金属引发经常账户赤字，印度政府试图阻止民众买入贵金属，却收效甚微。

无论是印度还是中国，为了建立国际化的货币体系，购入黄金增加外汇储备中的黄金占比，是大势所趋。考虑到中国的经济体量，考虑到央行出手对市场的影响，民间藏金是最好的手段。官方黄金持有量第一的是美国，达到8133.5吨，占外汇储备总额的75.1%。从1952年成为全球最大的黄金储备国以来，美国黄金储备下降，从20663吨下降到1万吨以下，但此后保持平稳。

　　新兴经济体官方、民间纷纷购入黄金，除了汇率市场化、货币国际化的考虑外，也说明民间把购入实物金当作对冲未来经济政治风险与恐慌心理的最传统与最保险的手段。

　　黄金金融属性极强，作为工业原材料几乎一无用处，因此，巴菲特才说黄金是没有收成的庄稼。投资黄金是恐慌中的非理性行为，如同"岛国"小民储藏作为货币的贝壳，但集体的货币与储备选择一定有其理由，而储备之物也就因此有了安全价值。经济越震荡，黄金的作用也就越明显，70年代法国央行向美国索要黄金，德国央行今年年初想召回海外黄金，理由相同，以黄金保证部分金融安全。

　　黄金市场疯狂演绎，从西方来到东方。一路充满许多令人反思的干物语启示。恒生银行调研显示，新兴国家央行如今亦以增持黄金作为外汇储备保值的手段，当中尤以白俄罗斯、哈萨克斯坦、韩国及俄罗斯较积极购入黄金。而从1999年到2009年，欧洲主要央行（德国与意大利除外）抛售黄金约3800吨，获得约560亿美元，他们在低位逐步抛售黄金损失了400亿美元以上。但近两年，央行从净卖家变成净买家。2012年第四季度官方机构购金量达到145吨，同比上升29%，央行连续8个季度成为黄金净买家。全年央行购金总量达到534.6吨，比2011年高出17%，创下1964年以来的最高纪录。黄金的储备作用、对冲风险作用远远没有消失，黄金从西方到东方尤其是向中国的转移，方兴未艾。

　　对全球黄金现货价格45年来大势浅析，我们是否也能感受到财富的吸金作用。"乱世黄金，盛世收藏！"此乃比较普遍的市场动态！其实，任何市场交易品种及其价格变动，都是市场主力、潜伏金融大鳄借势造势！都是在借力打力！大到国家政府和龙头金融机构联手谋事、造势。时势造英雄，英雄造时势！此轮黄金现货价大幅创出历史新高，特别是自 2007 年美国次贷危机、世界金融危机、主权债务危机、经济低迷危机、政治信用危机等叠加负面冲击，加之 2012 "世界末日"论推波助澜，致使全球实体经济社会极度萧条、低迷不振！但反观全球黄金市场 45 年来的价格走势，我们不难看出，全球黄金主力可算盈利颇丰！竟赚得盆满钵满！

从历史数据研判，1968～1970 前，黄金价格基本维持在 35 美元/盎司附近。1973 年 1 月，爆发了美国境外美元疯狂挤兑美国黄金储备狂潮，致使美国黄金储备由超过 20000 多吨下降至 9000 吨以下。至此，作为二战以来国际金融社会最为重要的"布雷顿森林体系"解体，之后，黄金价格摆脱了美元的束缚，成为可以在金融市场交易的自由金融工具、工业品及消费饰品。到 1973 年 2 月，黄金价格已翻倍涨至 70 多美元/盎司，并在 1974 年底，急升至 180 美元/盎司。国际社会对黄金追逐的大幅波动，美元国际信用货币受到冲击，IMF 召开应对会议，启动黄金非货币化进程。加之 IMF 本身也大量抛售黄金，去所谓"平抑金价"，导致 1976 年 9 月黄金价格一度跌至 100 美元/盎司。至 1976 年末，黄金价格利空因素逐渐被消化，同时，低迷滞涨的世界实体经济，加上中东局势政治动荡，给黄金价格走势带来利好支撑，黄金价格触底反弹，1977 年末，升至 160 美元/盎司。进入 1978 年随着伊朗伊斯兰革命的推进和美国驻德黑兰大使人质危机事件爆发，黄金价格一路狂飙突进！1978 年 7 月，升破 200 美元/盎司，并在一年半的时间里涨势如虹，一路越过 300

美元、400 美元、500 美元、600 美元、700 美元、800 美元，并最高摸至 860 美元/盎司。

1980 年至 2000 年的 20 年期间，受美苏两大超级大国冷战影响，美国日渐失去角力对手，特别是两伊战争、经济全球化、广场协议、日本经济破灭，及苏联解体、欧元诞生等重大历史事件影响，致使原先支撑美国金融市场稳定的美元华尔街体系资本环流被打破，金融资产泡沫破裂，股市下跌，大浪淘沙，沙石聚下，倾巢之下无完卵！20 年黄金价格跌跌不休，到 1999 年底至 2000 年初，黄金价格曾跌至约 250 美元/盎司。

2000 年至 2012 年，黄金市场又迎来了历史性的持续上涨行情。黄金现货价格最高曾一度摸至 1921 美元/盎司。如此前所述，由于世界实体经济持续低迷，主权债务危机及"2012 世界末日"等负面影响甚嚣尘上，倒逼黄金价格扶摇直上！特别是美欧等黄金大佬们，急需寻找足够量级的世界黄金买家持续接盘。而中国大妈大叔们经过改革开放 35 年，甚至是几代人的节俭积蓄，就贸然接盘吗？日本大妈大叔们可以仰仗国家极度宽松货币政策不畏套牢抢购黄金吗？印度大妈大叔们视金如命就该疯狂抢购黄金吗？我们感觉，这些朴实善良的大妈大叔们恐被深套其中，只能等待下一高涨周期的到来！因为，这样的迷局，恰是美欧等国际黄金大鳄全身而退的阳谋使然！慢慢熊途，虽有反复，但此轮周期波动之长，不可小觑！当积极关注！其中的教育意义寓意深远！

启示与感悟：

任何市场、任何商品、任何交易、任何价格，都有潮起潮落之时。交易者最大的愿望不是简单地以营利为目的，而是千方百计以最小的付出博取最大的收益。而令亿万参与者侧目而百思不得其解的是，任何人均无法准确地预见到未来时空价量的精准数据。任何人也不会不尽力而为，然而问题是人的知识、能力、经验，及世界观、价值观和人生观三观叠加，千差万别，各有千秋，对各类市场信息数据的反应能力也各不相同。但财富博弈的法则是物极必反、否极泰来，贵极返贱、贱极返贵，只有耐得住寂寞，方能拥抱最终的繁华。而历经寂寞的磨砺与抗压能力的不断提升，才是人生奋斗的真谛。英雄自古多磨难，与其说想在财富世界博取最大收益要经历刻骨铭心之历练，倒不如说人生综合幸福指数的强大就是千锤百炼、历经风雨的个性演变。黄金有价，幸福和健康无价，一切财富均应以生活幸福安康为评价尺度，只有把有形的物质财富转化为无形或有形的幸福安康之精神财富，才是真财富。否则，有形的物质财富如黄金或金钱、房子车子等，不仅会给你带来愉悦，很可能更多的是令你烦恼和痛苦。人生当关注物质财富，但我们要更加积极关注我们的精神生活和幸福指数。

启示 25

资本市场现金为王

12 月 20 日，沪深股市分别暴跌超 2%，上证下跌 43 点，跌幅达 2.02%，成交 722 亿元，深证成指下跌 180.98 点，跌幅 2.22%，成交 813.5 亿元。股市已持续下跌约 12 个交易日。时逢期指交割日，多空双方遭遇争夺白刃战！从资金面分析，临近年关，资金面偏紧的格局愈发加剧，本周银行间市场拆借利率持续飙升。

然而，内部"钱荒"还未消停，美联储又正式宣布缩减 QE 购债规模。分析人士表示，年底内外趋紧的流动性格局，将成为影响市场走势最为关键的因素，此前主导市场的改革逻辑大概率也会受此影响面临修正，因此投资者短期仍应以防御为主。

伴随着银行间市场资金面的再度趋紧，本周以来交易所资金价格也出现跳涨，且涨幅明显超过银行间市场。WIND 数据显示，12 月 19 日上交所质押式隔夜回购加权平均利率一度上冲至 17% 的高位，尽管尾市大幅跳水，但全周的利率还是处于历史高位水平。与此同时，2 天、3 天及 7 天期等其他品种加权平均利率也均在昨日创出阶段新高。而无论是绝对水平还是从上涨幅度来看，昨日交易所资金价格的盘中表现均远超出银行间质押式回购市场同期限品种。昨日银行间隔夜、7 天质押式回购加权平均利率分别报收 5.80% 及 6.472%，盘中高点大幅低于交易所同类利率品种。分析人士认为，在整体流动性偏紧的背景下，交易所回购利率大幅高于银行间市场，更加凸显了市场缺钱的程度，这无疑会对股市的存量资金起到极大的分流作用。而面对着类似 6 月底"钱荒"的局面，虽然央行通过 SLO 调节市场流动性来缓解资金面紧张情况，但流动性偏紧的预期仍难出现逆转。

不仅如此，美联储的最新议息会议声明将从 2014 年 1 月开始削减每月的购债规模 1000 亿美元至 750 亿美元。虽然缩减规模并不大，且全球股市的反应也并不负面，但 QE 逐步退出对全球流动性的中期格局还是会影响深远。

首先，随着美国流动性边际递减，美国国债收益率将上行，这意味着全球无风险收益率将上升，进而对各国国债收益率乃至融资成本带来一定的上行压力。其次，美国货币政策回归正常，将导致美国乃至全球的流动性边际收紧，风险资产的涨幅将受到压制，未来一年美元将趋势性回升而黄金等商品将继续下跌。再次，美国缩减 QE 对新兴市场的冲击仍未完全释放完毕：短期新兴市场汇率贬值，全球资金继续撤离，预计风险资产在靴子落地后还会有最后一跌，且实体经济所受的拖累可能会更大。最后，美国缩减 QE 可能对中国产生诸多影响，包括逆转外汇占款持续净流入的趋势，从而加剧国内资金面紧张的程度。资本市场，现金为王，是个相对的概念。外汇占款增加，会增加和扩大进口额。进口商大量卖出本币，买入外币,以期进口自己所选定的目标商品。进口增加,会直接减少我国的外汇储备资产。截止到 2018 年 10 月,我国外汇储备仍高达 3.1 万亿美元左右。中国首届(上海)进口博览会,将在全球市场掀起中国买买高潮,中国强大的现金流将不断地转化为生产和生活提质增效的资金流。中国动用大量资金大规模进口国内急需的生产和生活物资,必将助推中国经济提质增效,真正达到高质量发展经济的目标愿景。

任何企业或个人,都离不开现金支持。所以,企业现金流管理风险防范,是我们必须不断加强学习和灵活运用的一本学问。现金流量是企业财务管理的重要组成部分,关系着企业的正常运行和企业的发展方向。我们探讨现金流量管理在企业中的重要作用,探讨企业现金流量管理出现的主要问题,并提出现金流量管理风险的有效防范措施。

一、企业现金流管理的重要作用

企业现金流管理在企业管理活动中是非常重要的组成部分。首先,为企业经营决策的科学制定提供必要的数据支持。由于现金流的计量是以企业实际的支付实现为原则进行核算的,因此通过对现金流核算数据的综合分析不仅可以看到企业目前的资金流动情况,更能够直观地反映出目前企业实际的资金支付能力及债务偿还能力。而这些都可以作为企业管理者未来经营决策制定重要的依据存在,为其各项决策的制定提供科学的数据支持;其次,有助于企业财务风险防御能力的提升。这主要是由于企业财务管理人员通过对该企业现金流动向的综合分析，可以及时地发现其财务运作过程中存在的各项问题，以此来通过企业财务资源的优化配置、调整来实现对企业财务管理薄弱环节的完善，从而实现企业财务风险发生系数的降低。最后，有助于企业投资融资环境的改善。企业吸引投资的一个重要因素就是其必须具备良好的现金流状况，只有如此才能够使投资者对企业的投资信心有所增强，从而为企业注入更多的投资资金，实现企业的长远发展。

二、企业现金流管理存在的主要问题

（一）企业经营管理者对现金流量管理缺乏重视。虽然我国财政管理部门对于企业编制现金流量表在 20 世纪末期就有明文规定，但是由于当时我国企业对于现金流量管理工作重视不足，导致许多企业的现金流量表编制及管理工作多流于形式，在业务流程设置、财务状况分析等相关现金流量管理工作中存在明显的不足，从而使企业在对自身经营状况了解不全面的情况下使企业产生不必要的经济损失。因此，企业经营管理者作为企业发展走向的领导力量，如若在企业发展进程中不能对现金流量管理工作给予正确的认识，并在国家相关部门的倡导下积极构建完善的现金流量管理体系，那么必将会对其企业后期的可持续发展构成严重的阻碍。

（二）现金流量管理预警机制有待进一步完善。企业现金流量管理预警体系是企业规范财务管理工作和规避财务风险的重要举措，但就目前实际情况来看，一些企业在现金流量管理预警机制构建过程中仍存在一些薄弱环节，整体预警机制构建工作有待做出进一步的完善。具体表现为：一方面一些中小企业受自身发展环境的影响，尚未依照国家相关规定建立起完善的现金流量管理制度，在企业财务清查及成本核算等方面存在明显不足，这导致企业财务风险防御能力的低下。尤其是在企业出现财务问题的时候，企业难以依靠自身完善的财务风险防控体系对其进行及时、有效的规避，从而给企业造成严重的财务问题。另一方面对于一些拥有大量闲置资金的企业来说，现金流量管理预警机制的欠缺，使得其没有能力对企业内部现金流量做出合理分析，从而造成了企业资源的极度浪费。与此同时，企业对于现金流管理内控工作的弱化，也极容易造成企业财务舞弊和财务腐败事件的发生，使企业资金经营周转能力降低，甚至出现资金链断裂的财务风险发生。

三、企业现金流管理风险防范措施

（一）深刻认识现金流量表的重要性。分析现金流量表所得出的企业现金流信息不仅能够看出企业在一定时间段内的偿债能力、支付股利能力以及投资融资状况等，为企业经营及其融资投资提供决策依据。同时，企业现金流量表还能够作为企业财务报表的补充资料，为企业管理者提供企业在某一方面的财务状况及生产经营情况。基于此，为促进企业市场竞争能力的提升，企业经营管理者及其相关财务管理人员需要深刻认识到现金流量表对于企业的重要意义，在对现金流量表相关内容进行认真细致学习的基础上，依照相关规定科学开展现金流量管理工作，并通过现金流量管理体系的建立来促进企业财务风险防范能力的提升。为此，首先，企业管理人员需要在企业内部加强现金流量管理工作的倡导，积极营造现金流量管理环境，提升每一名财务人员对于现金流量管理工作的重视程度。其次，企业管理者要定期邀请政府财务管理部门工作人员就现金流量表的制定及相关工作细节要求等内容对企业财务人员进行知识、技能的培训和学习，并定期对其学习情况进行考核，以此来促进企业财务人员现金流量管理能力的提升。同时，企业更要加强对财务人员的工作监督机制，通过制定详细的现金流量管理流程及责任制度来强化对财务人员的约束。最后，企业要积极响应国家号召努力构建完善的现金流量管理系统，为现金流量管理工作的优化提供一个良好的外部环境。

（二）树立正确的企业现金流管理导向理念。在某种程度上，我们可以把现金流看作企业这棵大树赖以生存的养料，通过对现金流量的有效管理，能够使企业规避经营风险，最大限度地提升企业的市场价值和社会价值。因此，在进行现金流管理的过程中，企业经营管理者需要始终坚持以企业价值最优化为导向的发展理念。具体可以从企业经营战略层面以及企业内部日常安排层面来进行：第一，在企业经营战略层面来说，企业现金流量表是企业资金运行的具体体现，通过以企业价值为导向的现金流量预算，可以使企业的财务计划乃至企业的战略规划具体化，从而实现企业财务管理和经营管理更为有序的进行。围绕企业价值，可以将企业现金流量预算分类为现金流总预算以及企业日常预算，并把这两种预算通过各项指标和价值评估以及考核结合起来，从而实现企业现金流管理的制度化。第二，从企业内部日常安排来说，同企业经营战略层面一样，管理者也要遵循企业价值导向最优化的原则，任何事务的处理尤其是关系企业财务信息的事务处理都要与企业的价值相联系，这样从企业经营规划到企业每一步计划的实现都做到了企业价值的优化，实现了企业整体的优化配置和最优化发展。

（三）确保企业现金流管理工作能够在企业中正常运行。企业现金流管理工作的有效开展需要依靠人员的努力以及正确的工作价值导向，更为重要的是需要一个适合现金流管理工作实施的良好外部环境。换句话说，就是现金流管理这棵树苗只有在合适的土壤环境中才能够茁壮成长，从而发挥其最大的优势为企业发展遮风挡雨。为此，第一，企业需要不断完善现金流组织构成。合理的企业现金流组织结构能够为现金流管理工作提供充足的制度保障，在此基础上配合较完善的会计核算制度，能够使现金流管理工作从结构控制上做到职责分明，确保现金流管理工作业务流程有序化。第二，企业需要将其现金流指标引入财务分析业务流程中。近些年，现代企业的财务分析逐渐得到了企业经营管理者的重视，把企业现金流指标引入财务分析指标体系，能够使企业的财务状况和经营状况更全面地体现出来，通过现金流分析工作反映出来的企业资金运作的真实情况，配合其他财务分析工作能够使企业经营者找出经营的薄弱环节加以弥补，为企业经营提供更正确的方向。第三，完善现代企业现金流管理信息系统。根据企业自身的市场定位和经营规划，构建现代化现金流信息系统，从而优化企业财务信息质量，实现企业会计信息更高效的管理。第四，健全企业现金流风险预警机制，预防企业出现现金周转过长以致造成财务危机状况的发生。总之，企业在现金流管理及监测等方面指标的制定、制度的完善对于企业及时发现其财务信息问题具有重要的现实意义，有助于企业财务风险防御能力的提升。

启示与感悟：

各类企业或个人都应当积极面对资本市场，管理好自己的财富资源，尤其是你的现金类资本资产。随着人们对市场经济认识的不断加深以及人们对金融危机对于实体经济危害的进一步了解，企业现金流及其管理的重要性将会逐渐引起投资人以及企业经营者的关注。现代企业综合竞争能力的高低以及企业经营效益的好坏不单单是只凭借企业创收盈利能力的高低就能够衡量出来的，更需要企业或个人对财务的管控能力作为评价依据。为此，各类企业或个人财富的管理者均需要积极发挥自身的决策作用，组织企业财务人员做好现金流量管理工作，通过对现金流量的科学分析来促进企业风险防御能力的提升，确保企业能够不断扩大社会价值与市场价值，只有这样，才能在当今日益激烈的市场竞争中立于不败之地。财富博弈，现金为王，最终的财富均要以数据来说话，均要体现在流通货币的权衡价值量化之中。股市有句名言，财富博弈，相对顶部股票套现，相对底部现金抄底，价高赚钱，价低赚股。企业发展亦然，何时扩大生产，投入资金，也应把握大势，顺势而为，方能大胜。再如我国扩大进口，全球买买买，正是国内现金充沛，购买实力大增的集中体现，有扩大生产和提高生活品质的市场需求使然，同时也是国际商品能够进一步相对质优价廉所致。

启示 26

金价三十多年走势分析

金价 1980 年从 850 美元历经 20 年跌至约 250 美元，1921 美元将跌多久？跌多少？无须抢购！以下走势图仅供参考！分析把握趋势是目的！观点：震荡性下跌将十分漫长！要视世界经济下一周期萧条低迷显现之际，或有世界性战争或社会安全动荡而定！目前研究分析，全球经济自 2007 年美国次贷危机以来，经过约 6 年低迷萧条整固，已明显处于弱复苏状态，黄金下跌与欧美及世界实体经济积极复苏有直接关系。QE 逐步退出，将助推欧美实体经济显著复苏。为此，黄金变现回流实体经济是大概率事件。

到 2018 年 11 月 30 日，有分析师说：莫被鲍威尔发言迷惑，金价上涨只是暂时的，本周金价虽然一度走低逼近 1210 美元/盎司，但随着美联储主席鲍威尔的鸽派发言，又重新回到了 1220 上方。分析师 Arkadiusz Sieron 则认为，黄金受到的提振很可能是暂时的。虽然美联储从 2015 年年末开始，已经加息数次，但美国利率相对历史水平仍然处在较低的水平，而其对美国经济的影响是较为中性的。虽然在本周鲍威尔的发言则是相当鸽派的，但在 10 月初，情况则不太一样。

在 10 月 3 日，美联储主席鲍威尔表示，"利率仍然宽松，我们在逐渐让它们达到会是中性的位置。我们可能错过中性，但当前可能距离中性还有一段长路"。Sieron 认为，目前美国失业率 3.7%，是 49 年以来最低水平，在通胀率高于 2% 目标上方，GDP 增长高于预期，联邦利率约 2.2% 的情况下，距离中旬利率确实还很遥远。鲍威尔对此很了解，他只是想在近期股市波动之后让投资者们冷静下来，金价的上涨很可能只是暂时的。因此，黄金多头并不能就此掉以轻心。

从 2001 年至今，随着世界经济发展的不稳定、地缘政治紧张因素加剧以及美元大幅度贬值、石油价格大幅度上涨，黄金价格出现稳定而明显的上升。20 世纪 70 年代，随着黄金货币功能从法律意义上的逐步消除，黄金价格开始由市场供求决定，黄金价格也出现了明显的上升。1980 年 1 月 21 日更达到每盎司 850 美元的历史高峰。在经历了这一历史高峰后，黄金价格总体呈下降趋势，1999 年黄金价格跌至近年来的谷底，接近 250 美元/盎司，当然期间也有回升情况发生。而从 2001 年至今，随着世界经济发展的不稳定、地缘政治紧张因素加剧以及美元大幅度贬值、石油价格大幅度上涨，黄金价格出现稳定而明显的上升。

影响黄金价格变动的因素有多种，这些因素可分为长期和短期两类。决定或影响黄金价格长期走势的主要因素是黄金的供给与需求。

从黄金供应的状况看，主要有三条渠道：矿业公司开采出来的黄金，大约占黄金年销售总量的 60% 左右；其余的黄金，被称作是"再生供应"，由"已开采的黄金存量"的销售量组成，包括各国中央银行在市场上出售的库存黄金以及首饰的重新加工等。20 世纪 80 年代以来，新的金融产品为黄金交易增加了第三条供应渠道，即所谓的金融衍生产品，主要有期货、远期和期权交易等。运用这些先进的金融工具，能够使黄金在尚未被开采出来之前就上市。

150 年前，黄金的年产量约为 25 吨，由于 19 世纪大量金矿被发现，以及采掘技术的提高，黄金的产量大幅度增加，目前，世界黄金的产量呈现稳中趋降的趋势。总部位于多伦多的矿业投资银行业与研究企业加拿大灯塔集团顾问公司预期：世界大型的黄金生产商将不能保持现在每年的产出，由于发现的储量不能跟上现有的产出水平，而新矿的建设也需要很长的时间。2010 年全球黄金产量将不足 1866 吨，比目前 2464 吨（2004）的年产量低大约 30%，在此期间，北美地区的黄金产量将下降 54%。

就需求来看，世界黄金需求主要来自四大方面：首饰加工需求，电子、通信设备、激光、光学、飞机制造等工业需求，中央银行的货币储备需求以及私人投资者储藏和对金锭、金币的投资需求，其中占主导地位的是首饰用金需求，占 70% 左右。总体来看，黄金市场的整体供求状况并没有出现明显的不平衡。

在分析短期因素时必须指出的是，对于作为商品的黄金与作为金融工具的黄金，影响其价格的变量是不尽相同的，但两者之间又有联系。著名经济学家多恩布什（Dornbusch，1980）的"超调"（Overshooting）理论可以较好地解释黄金市场上一些令人费解的现象。在多恩布什的模型中，由于商品市场的价格具有黏性，而资产市场的反应却极其灵敏，其价格的调整将瞬间完成，快于商品市场价格的调整。此后随着时间的推移，商品市场将做出调整，资产市场也将走向新的均衡。这就是为什么短期内即便是商品市场上黄金的实质供求并未发生根本性的变化，而金融市场上金价却出现巨幅波动的根本原因。影响黄金价格的短期因素比较复杂，主要包括：

1. 各国中央银行对黄金储备的态度和买卖行动。黄金储备的买卖直接影响黄金市场的平衡，因此对黄金价格影响很大。

2. 通货膨胀率的高低。长期以来，黄金是防范通货膨胀的一种手段。在 1974～1975、1978～1980 年间，由于通货膨胀十分严重，使得人们持有的货币相对贬值，动摇了人们对货币的信心，由此掀起了一股抢购黄金的风潮，金价随之迅速高涨，这期间黄金持有者成功地防范了风险。

3. 汇率的影响。汇率对黄金价格的影响可以从两个方面来分析：一方面，黄金通常是以美元标价的，如果美元汇价提高，用美元表示的黄金价格自然要降低，反之则相应提高；另一方面，汇率还通过影响资金在金融资产间的流动影响黄金价格。

4. 石油价格的影响。当石油价格处于较低价位时，人们对通货膨胀的预期较低，购金保值或投资黄金的压力减少，黄金价格也就较低，反之则金价较高。

5. 股市的影响。当经济运行良好时，投资者更愿意从股市中投资获利，所以往往在股市上升时金价疲软，而当经济运行状况较差、股市下跌时，金价一般呈上升趋势。

6. 政治因素。国际局势紧张往往引起人们对黄金的抢购，金价随之上涨。

启示与感悟：

盛世收藏，乱世黄金。特别是对我国经济建设的基本价值定位十分重要。改革开放40年深厚基础的沉淀正在凸显经济社会厚积薄发的后发优势，加上近年来经济社会环境的综合整治，效果十分显著，最宝贵的广大民众的信心更加坚定，对美好未来中国梦充满期待和憧憬，撸起袖子加油干的实干激情不断迸发，一些重大工程项目纷纷建成或开工，昭示着新的一轮全面改革开放的大潮正在不断聚集能量。然而，人们在聚焦经济建设浪潮的同时，也会积极关注黄金的走势。有报道称：金投网2014年1月1日讯，在已经走过的2013年留下太多的回忆，大喜大悲，大赚之后的喜悦，大亏之后的焦虑，所有的一切也是无时无刻不在伴随着走过。当然，最大的感触便是2013年的熊市年份暴跌黄金价格行情，年度500多美元的暴跌行情，不仅仅是对2011年多头的强势回击，也是对于坚定看多，盲目抄底的毁灭性打击。周线方面来看，目前也是再度运行于下行通道之中，同时从均线走势看来，现货黄金目前也是继续维持空头排列之中，KDJ指标连续的底部震荡，布林带走势继续维持震荡下行，短期也是受制于布林带下轨支撑，但是整体依旧是处于震荡下行，下方并未形成较为明显的筑底迹象。黄金大跌之后，还将缓慢筑底，就价值投资而言，黄金投资的预期上涨空间远不如股市的上涨空间大，对于中国股市的走向，可能会出现一种全球范围内抛售黄金储备，而规模化抢滩中国股市的可能性，我们当密切予以积极关注。

启示 27

他山之石可以攻玉

2014 年 7 月 18 日，第一视频网报道，中国银行属下分行通过"优汇通"，协助个人将人民币汇出国外，金额多达 200 亿元。上周，中央电视台新闻频道《新闻直播间》栏目曝光中国银行 ［0.00% 资金 研报］多家分支行"优汇通"业务疑"违反外汇管理局规定，开展无限额换汇业务，充当'地下钱庄'，造假'洗黑钱'"。央视曝光中国银行"洗黑钱"风波事件仍在发酵中。

中央财经大学银行业研究中心主任郭田勇指出："说中行洗黑钱有点重了。但如果银行暗地通过一些业务突破 5 万美元的外汇额度限制，确实违规。"郭田勇说，随着金融改革推进，人民币资本项目管制也会减少，未来 5 万美元的限制是否有必要存在和放宽，也可讨论，在现有规定下，帮助客户非法转移资金，相关银行应接受整改。虽然中行随后做出了回应，称"优汇通"是一个报备的金融创新产品，但"优汇通"究竟是金融创新还是漏洞？有待专家学者进一步考量。

尽管人民币国际化、金融业务国际化已成趋势，但在类似优汇通的问题上，政策仍然没有放开手脚，人民币资本的管制程度仍然相当高。在外媒的一片赞扬声中，我们应冷静地看到，尽管挂着第七大结算货币的名号，实际上，在2015年8月，人民币就跃升为世界第四大交易货币。据路透社报道，环球银行金融电讯协会（SWIFT）指出，8月，人民币超越日元，成为第四大全球支付货币。过去三年人民币已先后超越七种支付货币的排名，目前仅次于美元、欧元及英镑。环球银行金融电信协会（SWIFT）官方报道：2017年7月，人民币占全球货币支付额2%，人民币在全球货币交易量排名第五位（信息来源：2017－8－31 10：17 全球经济数据网 www. qqjjsj. com）。随着中国经济建设国际化进程快速发展，人民币在各类国际结算业务中的比例虽有波动，但总体交易量趋势会不断增加，将是中国经济和世界经济发展大趋势。

鉴于许多交易只是在中资企业及其香港子公司之间进行，人民币距贸易结算硬通货币实际上应该拥有的国际地位还相去甚远，所以，当前及今后若干年内，人民币国际化进程中首要任务，就是要扩大人民币的国际支付交易量及影响力，并体现人民币的稳定性、受益性和信用度。

国际化货币依赖的一个重要背景就是贸易逆差，长期处于顺差状态的中国，其出口就是回收货币，这让想要持有人民币的其他主权国家无所适从。这正是国际货币领域一个很难越过的难题：一种货币要成为国际货币，需要满足一个最基本条件——发行该货币的经济体必须长期处于贸易逆差地位，如此该货币才能源源不断向国际间注入流动性，被国际资本和政府所持有。中国首届进口博览会的金融资本运营目的，最终强化的就是人民币国际化，还要引导各国采用人民币结算。但另一方面，要维持全球对该储备货币的信心，又要求货币发行国要能持续获取经常账目保持盈余。要明确一点，熙来攘往，皆为利往！任何国家、企业、机构及个人，都是某种利益结合体，只是体现在长期或短期，直接或间接，物质或文化等不同的利益载体中。对一国的国际收支而言，两者不太可能同时发生，故称之为难题。这个难题在国际上有个说法，叫特里芬难题。

所以，人民币国际化，逆差是一个前提。但在当前中国大幅贸易顺差的情况下，人民币又顺差又升值还想当国际储备货币，显然没人会真正跟你玩。莫非这么多年谈的人民币国际化只是虚张声势？看来国际储备货币，享受其独有的权利同时，也要承担相应的责任。既然如此，当年的美国是怎么把自己的美元整成国际货币的？世界各国发行的货币五花八门，能在这种国际金融的混战中脱颖而出、登上国际金融霸主地位的强悍货币，必有一番不同寻常的经历。美元国际化进程中，有三个重要的国际事件，对美元"出海"起到了关键性的作用。我国人民币国际化任重道远，借鉴美国等其他经济体的金融资本营销经验势在必行，他山之石可以攻玉。我们来看看美元国际化的三部曲：

第一步，1944 年 7 月，"布雷顿森林协定"确定。建立了以美元为中心的国际货币体系。包含两个基本要素：一个是美元与黄金的自由兑换；另一个是美元与其他货币的固定汇率制。这就意味着，美元成了主要的国际储备货币，可以替代黄金作为国际支付手段，从而确立了美元在战后资本主义世界金融领域的中心地位。这是第一个重要的国际事件。

第二步，"马歇尔计划"。第二次世界大战后，欧洲经济濒于崩溃，粮食和燃料等物资极度匮乏，而其需要的进口量远远超过支付能力。为此，美国对欧洲拨款共达130多亿美元，大多数都是赠款。这在当时是超大数目。这个计划的本质是美国将大量美元撒向了欧洲。这样一来，欧洲在不需输出商品的情况下，无偿地获得美元的使用权。

第三步，WTO协议的出现。1947年10月30日，美、英、法等23个国家在日内瓦签署了《关税及贸易总协定》。逐步削减关税及其他贸易障碍，取消国际贸易中的歧视待遇。战后贸易大增，对美元谋取全球货币霸权地位起了巨大的作用。

总之，美元国际化的三部曲可以归纳如下：第一步，"布雷顿森林协定"——各国央行订立"君子协定"，达成共识；第二步，"马歇尔计划"——美国慷慨输出货币；第三步，"关税与贸易总协定"——消除贸易壁垒，为美元扩张提供便利，大开国际贸易货款结算采用美元的方便之门。

美元的这三部曲巧妙地避开了特里芬所提的国际货币的本身缺陷。我们能看到，在布雷顿森林体系时期，美国其实一直是经常账户盈余的。即使盈余的规模不大，比如顶多也就是GDP的2%以内，但由此可以看出，输出美元，并不是本身就需要贸易逆差的。美国把美元推向全球的主要渠道是对外援助和军费开支以及其他的资本输出方式，在此情况下，美国居然可以保持顺差。

特里芬难题，或许很有预见性，作为国际货币，确实是有矛盾性，那难道就完全无法调和？也不是。如果已经提前确定了国际货币，然后那个国际货币通过对外援助或资本输出的方式，实现货币的输出，而不仅仅需要通过逆差来实现，这样的话，特里芬困境还是有解决方法的。正像美国一样。看来特里芬难题的本质不在这个地方。

特里芬难题当初出来的时候，是有特定针对对象的，那就是当时以美元为基础的布雷顿森林体系。在这个固定汇率体系下，美元作为国际储备货币，是有美国政府承诺以35美元一盎司的价格随时把美元兑换成黄金来背书的。美国的确通过马歇尔计划，国防开支以及购买外国货物等向全球大量输出美元，保证了体系内足够的美元流动性。此时，特里芬已经预料到了一个瓶颈的出现：从1959年起，流通的美元已经超过了支持它的黄金的数量。这导致了黄金的市场价格超过了40美元每盎司的价格，超过了美国35美元的承诺。美国此时要维持布雷顿森林体系的话，那只能通过削减自己国内的赤字开支等来提振美元。而这样的话，势必会影响到美国的国内经济，而扩张中的美国经济不允许这样做。

这才是特里芬难题的本质。那么接下来的问题是，在其后的自由浮动汇率体系里，特里芬难题对美元而言还存不存在？我们来看一个数据，布雷顿森林体系解体后的浮动汇率时代，美元在全球官方外汇储备中的比重。这个数字非常有意思，20世纪70年代中期，也就是刚进入浮动汇率时代的时候，是75%上下。然后在80年代大跌，一直到了80年代末只有50%的地步。但是90年代的时候，又重新突然大涨，一度回到70%以上。2000年后，又开始下降了，后来到了60%左右。

　　这个数据为什么会这样变化？20 世纪 80 年代的大跌，对应着日元和德国马克牛起来，美元受到了挑战。那美元为什么受到了挑战？还是与美国在当时贸易经常账户恶化有关。但奇怪的是，20 世纪 90 年代，美国也是经常账户一直恶化，处于不断逆差状态的。但 90 年代是美国经济界公认的黄金期。我们认为跟这个数据有高度关联的美元指数其实也是跟这个数据完全脱节。很显然，在浮动汇率时代，一个国家货币的国际化程度，是各种因素共同影响下的结果。至于为什么会这样？是因为世界升级了，出现了一个很重要的循环：美国作为头号世界货币的发行国，有义务维持世界贸易的货币需求，有必要源源不断地保证美钞在世界市场上的供给。许多国家尤其是亚洲国家将本国企业的贸易盈余转变成官方外汇储备，而今大部分国家又用这些美元外储购买美国国债、股票等，使这些美钞回流美国。这就是美国持续扩大的对外负债的根本原因。这也是美国的贸易逆差、资本项目顺差的真实写照。

　　所以照这样推演，想当国际货币，其实依然面临着困境，只是这个困境相对特里芬的初级形式来说已经升级了：美元越垄断越国际化，各国持有的美元越多——意味美国的对外负债和赤字越多；美国经济越不被看好，美元币值越来越弱——导致持有的美元资产或美元债权越不值钱，贬值。

　　这正是浮动汇率下，国际化货币的困境。怎么办呢？解决这个困境，必须得是货币多元化或者干脆弄一个超主权货币出来。只有美元单独作为国际货币是实施不下去的。

　　人民币国际化给我们很大的启示：

第一步：人民币应加快走出去。

即使中国在经常账上保持顺差，也仍然可以实现人民币的走出去，因为当前中国外贸顺差主要是从美、欧获得，但别忘了，对亚洲区的贸易，中国是呈逆差的。由于当前全球商品贸易市场是买方市场，中国在与亚洲区贸易当中有较高的主动权，我们可以通过要求以人民币支付从亚洲区进口，先把人民币推向亚洲区域内，这一步正在做着。

第二步：让各方受益是根基。

就算接下来要大力推进人民币国际化了，中国也未必须在经常账上由盈转亏，中国继续顺差也是可实现的。人民币完全可以参考美元当初国际化的做法，以对外援助和对外投资等方式达成。此时，特里芬困境在我们人民币身上不明显，反而要担心的是我们巨额外储的贬值问题。

第三步：老难题，创新意。

人民币越国际化，那个难题的升级模式就越来越会在人民币上体现。改革、创新、突破、确立，就落到人民币的肩上。到那时候，也许我们很爽，人民币成了国际货币，但权利和义务是对等的，机遇和挑战是相伴的：跨境结算资金必须要能随意流动，人民币偶尔升值的同时也得经常性地贬贬值。

跨境结算、开放资本账户。然而，就目前而言，谨慎的情绪仍然是占据了上风——中行的"优汇通"事件本身可以成为这一论点的绝妙佐证。对于中国的人民币国际化来说，呈梯度的逐级进行是最合适不过了。对于人民币的国际化进程，要有长期的战略性考量，在初期、中期、长期的阶段性政策、法规及操作实施中，做好跟踪监督工作，在离岸人民币、沪港通，特别是除港澳台之外的国别地区加大推进力度，加大人民币贸易结算的支付适应性，交易量、信用度和收益性，是突出衡量标准。使 QFII、RQFII 及个人人民币交易的参与度不断升级，这是促使人民币国际化常态化之大势所趋。如此伟大金融工程，任重道远，当风雨兼程！

启示与感悟：

人民币国际化，逆差是一个前提，让参与人民币交易各方均能持续性受益是关键，人家与你交往有利可图，而且方便可行，自然纷至沓来。但在当前中国大幅贸易顺差的情况下，人民币又顺差又升值还想当国际储备货币，显然没人会真正跟你玩。莫非这么多年谈的人民币国际化只是虚张声势？看来国际储备货币，享受其独有权利的同时，也要承担相应的责任。既然如此，当年的美国是怎么把自己的美元整成国际货币的？世界各国发行的货币五花八门，能在这种国际金融的混战中脱颖而出、登上国际金融霸主地位的强悍货币，必有一番不同寻常的经历。美元国际化进程中，有三个重要的国际事件，对美元"出海"起到了关键性的作用。我国人民币国际化任重道远，借鉴美国等其他经济体的金融资本营销经验势在必行，他山之石可以攻玉。美元国际化三部曲的有效实施，具有实际可操作性，物美价廉，是市场营销的基本法则，赢得市场份额的最有效方法，就是能给对方带来现实的受益或可在不远的将来能够预见到的、明确的预期收益。

启示 28

货币自由度和外储高低率分析

 基于我国外储现状下的货币自由度和外储高低的利弊分析。截止到 2018 年 10 月，我国外汇储备仍有约 3.1 万亿美元。央行公布数据显示，我国外汇储备曾在 2014 年 9 月末，国家外汇储备余额为 3.89 万亿美元，较当年 6 月末减少了 0.1 万亿美元（10 月 16 日 央行网站），即最高时高达 3.99 万亿美元。再有，国家外汇管理局发布数据显示，2014 年 9 月，银行结售汇逆差 1006 亿元，为当年以来连续第二个月出现逆差。央行发布的数据显示，当年以来中国外汇储备增幅不断减缓。一季度增长 1258 亿美元，二季度仅增约 400 亿美元，9 月末外汇储备更首现负增长。该数据与市场预期差距相去甚远。当年第一季度国家外汇储备为 3.95 亿美元，第二季度为 3.99 万亿美元，于是机构预测第三季度将超过 4 万亿美元。同时，从真实贸易顺差看，外储也应该突破 4 万亿美元。然而，统计局数据显示，9 月份贸易顺差虽然回落至 309 亿美元，但其规模仍处在二季度以来较高的水平，同比增长也超过 100%，三季度合计贸易顺差 1281 亿美元，相比上一年三季度增长 108%。结果是，贸易顺差在扩大，而银行结售汇总比呈逆差态势，致使外汇储备不增反降。只能折射出外商直接投资和国际短期资本流出加速。短期留出，是否是孕育着长期留入？资金留进、留出，特别是热钱大规模、持续性流动是极具战略和策略的，关键是对实体经济制造业和虚拟经济股票市场构成怎样的传导作用。

汇率波动，外储增减，对我国人民币国际化自由度有何影响？外储增减对国际国内经济社会利弊影响如何？简单来讲，一种货币自由兑换的有利影响是：1. 有利于完善金融市场，增强该国国内金融机构的竞争力和经济效率；2. 有利于国家、企业及个人的不同经济实体实现资产组合多元化，可以化解和分散风险；3. 有利于进一步开放和发展本国经济，更好地融入国际经济社会，优势互补，实现多赢；4. 有利于合理配置社会资源和引进外资；5. 有利于节省各种审批等管理成本。

货币自由兑换的不利影响是：1. 容易遭受国际投资投机资本的冲击；2. 国内金融市场容易发生动荡；3. 有可能出现大量外资热钱涌入或外逃。因为，金融资本市场最负智慧博弈谋略和趋利爆炒秉性。

拥有足够规模的外汇储备对我国这样一个初期走向市场经济的发展中大国是十分必要的，它是保持汇率稳定，抵抗国际投机金融集团冲击的有利屏障。我国外汇储备高额增长的有利方面是：1. 可提升我国的综合国力和国际信誉，获取更多的、有利的话语权；2. 丰厚的外汇储备可确保金融体系的稳定；3. 充足的外汇储备可促进我国经济持续性、国际化预期发展。外汇储备高额增长的不利方面是：1. 持有外汇储备成本增加，造成资金浪费；2. 造成人民币升值预期压力，危害实体经济安全，导致出口及就业提升受阻；3. 带来通货膨胀压力，降低央行货币政策的空间和有效性。以外汇形式存在于国内外汇市场，央行将不得不投放基础货币来购进新增外汇储备，央行基础货币被动投放及市场流动性的乘数效应，将导致人民币通货膨胀的压力，导致调准调息目标效率的降低和钝化。

2013年底中国外汇储备3.82万亿元，而2014年9月底为3.89万亿美元，仅仅增加700亿美元。与1至9月贸易顺差扎差后为581亿美元。说明外商投资和国际热钱最少有581亿美元流出。

2014年以来，人民币汇率走出了一波先跌—后稳—再涨的三区段行情。1月底开始较大幅度贬值，持续到6月份左右。去年对美元汇率触碰6后，直线贬值接近6∶20。这种贬值走势使得国际资本措手不及，出走出逃开始活跃起来。后来在此位置上下波动很长时间，海外资本依旧逐渐流失。进入7月以后，人民币汇率开始走强。但一个需要密切关注的外部环境是，美国经济强势复苏，10月底将全面退出量化宽松，并且一度加息预期提前声音四起。美元开始较大幅度走强。按理说人民币应该相对走弱，但却意外走强。质疑央行出手干预的声音出现。不过，国际资本已经意识到，只要美元持久性走强，人民币汇率背离常规走强没有持续性，也很难长久顶住美元的强势。人民币汇率走弱是市场机制倒逼的。因此，国际资本依然出现慢慢流失出走迹象。同时，美国经济强劲复苏，美元走强，也使得国际资本加速回流本土寻找投资机会。加速了国际资本从中国流出。

外储变化对货币政策影响非常之大。外储变化必然引起外汇占款增减。外汇占款已经成为货币投放的重要渠道。外储减少引起外汇占款减少对货币政策影响具有两面性。一方面央行被动发行货币压力减弱，被动供给货币量减少，公开市场业务、调准调息等主动货币政策工具将充当调节货币余缺的主要手段。一旦外储减少过快，外汇占款下降过多，造成货币紧缩、流动性紧缺，就必须通过前述工具增加货币供给。另一方面必须客观看待外储减少的真正原因是什么？减少的结构性怎样？如果进出口贸易依然是顺差，就说明外储减少引起的外汇占款下降是外商投资和国际短期资本撤离造成的。这时候货币政策绝不能使用下调利率工具。

启示与感悟：

我国外汇储备的多少与人民币国际化自由度程度密切相关。汇率波动，外储增减，外储增减与人民币自由化对国际国内经济社会存在利弊双重影响。简单来讲，一种货币自由兑换的有利影响是：1. 有利于完善金融市场，增强该国国内金融机构的竞争力和经济效率；2. 有利于国家、企业及个人的不同经济实体实现资产组合多元化，可以化解和分散风险；3. 有利于进一步开放和发展本国经济，更好地融入国际经济社会，优势互补，实现多赢；4. 有利于合理配置社会资源和引进外资；5. 有利于节省各种审批等管理成本。

货币自由兑换的不利影响是：1. 容易遭受国际投资投机资本的冲击；2. 国内金融市场容易发生动荡；3. 有可能出现大量外资热钱涌入或外逃。所以说，金融资本市场最负智慧博弈谋略和趋利爆炒秉性。一切财富的博弈，都是各种利益的博弈，金融资本债权债务的博弈。有时敢于舍弃一种一时一事的利益，方能获取多种长期多事的综合利益。还要善于运筹，善于应变，勿忘初心，志存高远。只要有利于实现中华民族伟大复兴中国梦的决定和行为，要敢于去创新性实践、去智慧开拓。我们的目标是，若干年以后，世界各国都纷纷愿意持有人民币作为国际储备货币，中国人民和世界人民，在世界任何地方进行生产和生活实践中均可以自由使用人民币。

启示 29

股市将成为财富乐园育人促人的主战场！

　　笔者在积极迎接 2015 年 7 月阶段大顶 5178 之前，就持续性积极做多，特别是结合 20 多年的实战经验，并且促使自己在大学讲授《证券投资理论与实务》专业课，理论结合实践，还主动尝试融资融券新业务，当时已感受到融资融券暗流涌动，只是由于场内场外非法配资疯狂介入，加上及时监管不力，致使管理层为了防止金融系统性风险，才开始了长达三年多的去杠杆行动。时间走到 2018 年 12 月，新的一轮上涨行情正在酝酿之中，想必国内外参与各方将会迎来更大的财富博弈与较量，股市将成为财富乐园育人促人的主战场。特别是有更多的年轻人也在纷纷加入其中，一旦形成赚钱效应，场面会渐趋激动人心、跌宕起伏，届时，管理层将会及时做出应对策略，以使行情走得更加稳健、长久。

　　一、股市，将成为财富乐园育人促人的主战场

　　华尔街有一条铁律：不要跟美联储作对！美联储，是美国资本市场的造势者，党中央亦是中国经济社会的缔造者！目前，中国以股市为主的资本市场业已日臻完善，基本形成主板、中小板、创业板和新三板等基本金融市场架构，而主板是主体部分，云集了各类大型上市国企。近年来，举国上下的政策面力保国企发展壮大，以致背负了"圈钱""国进民退""偏爱长子"等不雅恶名。而占据二级市场巨大交易量的广大散户股民，却历经了何等人生磨砺。股市投资理财的育人促人作用酣畅淋漓。真乃"你要爱一个人，就让他/她去炒股；你要恨一个人也让他/她去炒股"！但万事物极必反、否极泰来！最黑暗抑郁的时候，最应孕育希望！最应充满信心和智慧眼光！十八大春风最强民生情！广大股民会迎来中国经济社会阳光明媚的春天的！在中国，要听从党中央的召唤！"千万不要在黎明前倒下"！大规模收获的季节应在 2020 年前后，抑或在实实在在感受到中华民族伟大复兴、中国梦梦想成真之际！

A 股市场在过去的一个多月迎来了大幅反弹，上证指数从去年 12 月初的 2000 点附近一路上涨到 2300 点左右，累计上涨了近两成。行情的持续上涨原本应该激活更多人气，然而，与此相反的是，大量散户此时却选择"黎明撤退"，不在股市玩了。12 月份持仓的 A 股账户数环比减少近 50 万户。究竟是什么原因使得股市涨了股民却跑了？在当前市场处于底部区间，机构投资者大举入市之时，广大股民为何选择"失败大逃亡"？

二、失望的 50 万散户，只有自学成才

大多散户"两面挨耳光"，属自我教育过程！沧海人生，许多事情要靠自学成才！中国股市的新增开户数一直被视为"散户风向

标"，反映出中小股民对于市场的信心和态度。据中登公司公布的数据显示，A股2012年新增开户数仅有552.45万户，较2011年同比减少接近五成。尤其是在12月份，持仓的A股账户数为5514.49万户，环比减少了45.46万户，降幅为0.82%。持仓A股账户占全部A股有效账户的比重为39.98%，环比下降了0.45个百分点。与近50万股民选择撤离股市形成鲜明对比，机构投资者成为此轮市场反弹的最大动力。尤其是在证监会的大力推动下，QFII（合格境外机构投资者）大举入市。数据显示，2012年QFII新增开户为120个，是2011年新增开户数的5倍。在机构投资者的带动下，沪深股市全线触底反弹，一个月内从阶段低点最多上涨近20%，金融、房地产、基建、生物医药等行业板块的一大批个股反弹幅度甚至超过30%。

"散户似乎永远是这个市场最悲摧的群体。"财经评论员水皮表示，他们经常两面挨耳光，低吸高抛变成追涨杀跌；该减仓的时候加仓，该加仓的时候减仓；该退场的时候进场，该进场的时候离场；该止损的时候心存侥幸，该坚持的时候却斩仓销户。

三、离场，只因黑夜漫长

套久、套深、套怕了，对自己失去信心了！"尽管股市涨了，但投资者却还出现了流失现象，归根到底还是由于投资者对当前股市缺少信心的表现。"财经评论员皮海洲认为，股市经过最近几年的持续下跌，投资者信心尽失。要恢复投资者的信心，显然不是这一个月的上涨行情就能够做到的。

　　北京科技大学管理学院经济贸易系主任何维达在接受记者采访时也认为，对中国股市失去信心是股民清仓离场最主要的原因。他表示，在各种投资里面，股市是最让人伤心欲绝的，80%、90%的股民最近这三年不仅没赚到钱，而且亏损都比较大。很多股民都还套牢得很深，其中很多都是在股市反弹阶段入市时被套的，而那些提前就割肉出场没有被套的股民，则是因为他们对股市已经死心了。在中国坚持长期投资的股民基本上没有能赚到钱，所以他们宁愿把钱存在银行或者去买房，因为这样更能保值增值。

四、广大散户股民愿景喜人

　　圈钱的市场必将加倍予以补偿！波动幅度大，风险大，且收益也大，贵在周期性大波段参与。"而要真正恢复投资者信心，根治这个怪胎，中国股市就必须改变'圈钱市'的定位。"皮海洲认为，就必须让股市从为融资服务转移到为投资者服务的正确轨道上来。企业上市融资当然可以，但必须是建立在给予投资者足够回报的基础上，而且上市公司各种违法违规必须受到严惩，并且建立严格的赔偿制度，引入集体诉讼机制，切实保护投资者利益。"鼓励股民长期投资不是证监会应该做的事情，监管部门应该制定制度，要严格执法，要让股民树立信心，要让股民真正得到实实在在的利益。"何维达表示，证监会对于上市公司的把关及分红方面做得还不够。这些年很普遍的现象是，一些上市公司的老总，赚到钱后就套现大量的资金，并转到国外去了。而国家对这方面的监管及制度规定都没有跟上，像这种资金应该明确规定其中60%还要用于投资，而且必须用于境内的投资，不能全部一锅端就拿走转到国外去了，要有相应的制度进行把关。尤其是套现欺骗股民的这种上市公司应该要有追究责任的制度，不管是上市公司还是券商，企业一上市就把股价炒得很高，然后到第二年，最多第三年就变成垃圾股或者 ST 股了，他们就要承担法律责任。

何维达强调，要维护散户的利益，必须要建立赔偿制度。证监会要加大对这些垃圾公司、圈钱的公司和券商进行打击甚至赔偿，要让他们把赚到的钱吐出来赔偿股民，要让这些圈钱的人今后圈钱的成本比他所获得的收益还要大的时候，就不会有人去圈钱了。

启示与感悟：

股市的教育作用正在向纵深推进。财富博弈是每个人都应该不得不面对的人生必修课。不管你愿意不愿意，财富和金钱就在那里，来去有数，来去有度，如何把控其数其度，绝不是简单事情，非下苦功不可。能精准把握大势而为之，才能赚得盆满钵满。财富博弈如同人生博弈，我们既不能精神贫穷得只剩下金钱与财富了，也不可快乐富裕得连基本衣食住行都无力保障。我们当重视财富、敬畏财富、尊重财富，分析研究财富发展轨迹。我们不应再重农轻商，我们在重视农业发展稳定的同时，更应该顺世界历史潮流而动，借助于互联网创新创业新时代新气象的发展愿景，苦练内功，必有美好前景。当今世界，是一个财富横流、财富倍增飞速发展的崭新时代，我们要顺潮流而动，谋篇布局，脚踏实地勤耕耘，志存高远谋发展，以财富滚雪球的心态，不断壮大自己的财富果实，厚植诚信友善品质。只有这样，才能获得慧眼识大势，才能规避风险，减少损失，才能获取预期的最大收益。

启示 30

美国股市涨得起跌不起

此言所致，有感而发。2016 年 9 月 24 日，今天早晨，秋高气爽。陪岳母大人游览济南盛景——趵突泉时，喜逢多位 80 多岁高龄老人，最大年龄高达 94 岁。由此，感慨万千，追思"财富与人生"之足迹。愿中华民族伟大复兴中国梦，早日梦想成真！

美国股市"涨得起跌不起！"之爱心解读，也揭示了美国老人是如何安享晚年的？美国股市牛遍全球的社会经济根基和心理原因，在这里也能够有所发现。从资本本性层面来分析，是资本流通、保值、增值的本性外溢使然，是资本大佬、主力之天才驾驭能力操控使然，是联邦政府及社会管理阶层之管理愿景预期使然，更是广大投资投机跟风者狂热逐利使然。然而，任何事物发展趋势的持续性才是问题关键，自二次大战以来的美国经济持续发展、傲视全球的强势实力，才是社会经济走牛、股市走牛之基础。反哺中国经济、股市及社会养老保险体制，事必将一切有利资源、百变经验，统统智慧拿来，为我发展把脉助力，"他山之石，可以攻玉"！我们全体经济人、资本人、社会人、专业人士，应当从各自不同角度，来分析、把脉和掌控自己命运，谋大善小，志存高远！愿我们老年人群体，安享幸福晚年，尽享太平盛世。

美国养老保险体制是"三足鼎立"格局：联邦强制性、企业半强制性和个人自愿性。大家都知道，中国人口老龄化趋势越来越明显，"养老金与退休后的生活保障"问题，已经成为民众和政府直面以对的一个重大课题。中国目前实施的养老保险制度，目前存在短期内难以消除的两个软肋：一是整个养老保险的制度体系、保障机制尚处于"在实践中不断探索和完善"阶段，仍不适应城乡经济社会发展的现实需要；二是资金缺口很大。

在这种情况下，不少人习惯于与欧美日发达资本主义国家的养老保险制度进行简单比照，然后数落中国的养老保险制度多么差劲。其实这种比照没有多大意义，一是比不起，毕竟中国才刚刚学习西方的一些东西，而其中很多基本要素，中国尚不具备；二是中国生产力水平较低且区域差异较大，国家无法用一项统一的制度来合理管控。到底如何研究探求出一条真正适合中国国情，能够给城乡普通民众"安度晚年"以可靠的基础保障，的确需要有关方面潜心研究。

作为中国的广大民众，也应当高度重视和关注国家的"养老金制度建设及养老金安全管理"问题，自觉监督和督促国家的制度创新及财政预算，能够更多地关注这个问题。很多人都在半生不熟地谈论美国的养老金制度如何如何，但忽视了美国国家经济社会发展的历史、美国联邦制度格局下的区域自治、美国劳动力的自由流动及区域生产力水平落差较小等现实情形。再次，不妨用通俗的语言，给大家简单介绍一下美国的养老金制度。

200 多年来，随着美国经济社会的不断创新发展，美国的养老保险制度，也历经反反复复的改革创新，最后形成了今天的"三足鼎立"格局，即美国的养老保险制度由三种强迫半强迫、自愿半自愿性质的保险保障制度构成。

美国养老保险体制"三足鼎立"格局简介如下：

一是由政府主导、强制实施的社会养老保险制度，即联邦退休金制度；其资金来源是强制征收"社会保障税"（这是美仅次于个人所得税的第二大税种），由联邦政府按照一定工资比率在全国范围内统一征收，强制要求企业在每月发工资时按照雇员的社会保障号码（SSN）代扣代缴。社会保障税由美财政部国内工资局集中收缴后，专项进入养老保险管理机构——美社会保障署设立的社会保障基金。中国现在实行的养老保险制度，正是生硬地模仿学习美国的这一做法。这一模仿思路无疑是可取的，但是，由于中国企业所有制成分的差异性、区域生产力水平的差异性，以及配套制度的缺失，导致该制度的实施对很多企业造成极大伤害，而保险金管理"利益链"问题多多。

二是企业年金计划，由企业主导、私营企业雇主和雇员共同出资的企业补充养老保险制度，即人们常说的401K计划。这是由企业主导、雇主和雇员共同缴费、享受税收优惠的企业补充养老保险制度，是美国雇主为雇员提供的一种最普遍的退休福利计划。该保险计划的产生背景是：

20 世纪 80 年代之前，美不少私人企业由雇主全额承担雇员退休金，特别是在工会组织力量强大的企业，雇主被迫对退休工人的各种福利大包大揽。这种退休福利方式虽对员工有利，但加重了雇主的经济负担，不利于企业经营和发展。1978 年，美国《国内税收法》新增的第 401 条 K 项条款规定，政府机构、企业及非营利组织等不同类型雇主，为雇员建立积累制养老金账户可以享受税收优惠。根据这一条款，越来越多美国企业选择了雇主和雇员共同出资、合建退休福利的方式。因此，美国企业年金计划又称作 401K 计划。

需要特别说明的是，401K 计划的迅速发展大大超出了人们的想象，如今已成为美国诸多雇主首选的企业补充养老保障制度。根据美投资公司协会数据，目前 401K 计划账户资产余额已经突破 4 万亿美元，超过美国年 GDP 的 20%。401K 基金也是美国股市的投资基金，由多家投资管理公司"代理"其投资业务，其受益最大的是美国的中产阶层。美国 401K 养老金储蓄账户最大的管理公司之一富达投资集团发布的 2014 年 401K 报告显示：其公司管理的 1300 万个 401K 账户中，有 72000 个账户的余额竟然超过 100 万美元，虽然这一数字与 1300 万相比只是沧海一粟，但毕竟有 7 万多人是靠 401K 积攒养老钱成为名副其实的百万富翁，其中 39% 的人账户余额在 125 万至 200 万美元之间，9% 的人账户余额在 200 万美元以上。这比 2012 年的数字增加了近一倍。

顺便说一句：推出 401K 计划后，其资金迅速与股市形成良好互动，各大公司的职工将自己养老基金中约 1/3 的资金投资本公司股票，道琼斯指数从 1978 年到 2000 年累计上涨 1283.25%。而最大的受益者是美国的中产阶层。因此，401K 计划被称作"政府给中产阶级最大的礼物"，参与 401K 计划的退休人员及其受益人，还可得到实实在在的减税优惠——"延迟纳税"（TaxDefer）。法律规定：雇员在 401K 账户的缴费和投资收益均免税，直到退休后从账户领取养老金时才对账户总额（包括利息红利附加增值）上缴个人所得税。由于退休人员的收入较退休前普遍下降，纳税基数随之减小，再加入投资收益免税，其实际缴纳的个人所得税将大幅下降。

　　其实，这项制度恰好是中国可以借鉴学习的，而中国政府却忽视了这个。本人同意并建议：中国的国有企业可以继续实施社会养老保险制度，非国有企业则可以借鉴 401K 制度。随着中国改革开放的不断深入及生产力水平的不断提高，再逐渐创新发展养老金制度。（与私营企业雇员 401K 计划类似的还有一个《美公务员养老金计划》，其产生背景是：1986 年 6 月，美国会通过《联邦雇员退休制度》，规定了联邦政府所有文职人员的养老、救助和残疾福利管理办法，其主要内容与 401K 计划基本一致。美各地方层级（州、郡、市）的公务员也各自建立了类似 401K 计划的养老金制度。）

　　三是由个人自愿参加的个人储蓄养老保险制度，也称之为"个人退休金计划"（IRA 计划）。这是一种联邦政府提供税收优惠、个人自愿参与的个人补充养老金计划。个人退休金计划始建于 20 世纪 70 年代，其核心是建立个人退休账户（Individual Retirement Accounts，简称 IRA），IRA 账户由参与者自己设立，所有 16 岁以上70.5 岁以下、年薪不超过一定数额者均可以到有资格设立 IRA 基金的银行、基金公司等金融机构开设 IRA 账户，而且不论其是否参加了其他养老金计划。

户主可根据自己的收入确定年度缴费金额，并在每年 4 月 15 日之前存入账户。IRA 有最高缴费限额。例如，50 岁以下者 2014 年最高缴费限额为 5000 美元。年薪超过一定数额者不能参加 IRA 计划。已有 401K 计划者中，未婚者年薪超过 5.6 万美元，已婚者年薪超过 8.9 万美元，则不得申报该年度 IRA 计划。

IRA 账户由户主自行管理，开户银行和基金公司等金融机构提供不同组合的 IRA 基金投资建议，户主根据自己的具体情况和投资偏好进行投资管理，风险自负。IRA 账户具有良好的转移机制，户主在转换工作或退休时，可将 401K 计划的资金转存到 IRA 账户，避免不必要的损失。户主退休后从账户领取的养老金取决于缴费多少和投资收益状况。参与者可以使用账户内资金从事股票、债券等投资活动，但这些本金和收益被严格限定并储蓄在 IRA 账户内，不得转移至别的账户，以强制这部分资金在退休后才能使用。与普通投资账户相比，IRA 账户具有免税等多种税收优惠。

总之，以上"三足鼎立"养老保险格局的特征是，根据不同地域、不同企业或机构、不同家庭及个人的情况，分别发挥政府、企业和个人作用，相互补充，形成合力，为退休人员提供多渠道、可靠的养老保障。

在此，还要特别说明一点：正是由于美国养老保险金"深度"投资股市，才导致美国股市在多方面利益群体推动下、在多路资金追捧下，涨得起跌不起。假如再来一次金融危机，股市里就地栽倒的不只是投资投机大佬，还有大量的保险金的主人。或许美国财政可以继续忽悠着混日子，但美国股市不能有丝毫懈怠，正是基于这一点可以判定：近两年来，美联储的加息放风不过是一个"忽悠"；奥巴马跟耶仑，不过是在演"二人转"。（主要信息编辑来源：专栏作家江濡山，香港环球经济电讯社首席经济学家、哈佛大学肯尼迪政府学院访问学者、高级研究员，政府及财团大型投资项目顾问，产业项目风险及可行性评估专家。）

启示与感悟：

中国社会正步入老年化社会养老模式。30、40、50、60 群体正在尽享安度晚年的太平盛世时期。老年事业如何，体现着一个国家的厚德载物的品质情怀，也会传导至正在努力打拼奋斗着的 70、80、90 新生代群体。社会文明的积极导向性影响作用使各方人士有强烈的感同身受。美国系统性养老体系，值得我们学习和创新实践，IRA 账户具有良好的转移机制，户主在转换工作或退休时，可将 401K 计划的资金转存到 IRA 账户，避免不必要的损失。户主退休后从账户领取的养老金取决于缴费多少和投资收益状况。参与者可以使用账户内资金从事股票、债券等投资活动，但这些本金和收益被严格限定并储蓄在 IRA 账户内，不得转移至别的账户，以强制这部分资金在退休后才能使用。与普通投资账户相比，IRA 账户具有免税等多种税收优惠。人民生活质量提高了，有了很好的保障措施，特别要强化财富资源的管理、保值与良性可持续性增值，反哺中国经济、股市，及社会养老保险体制，事必将一切有利资源、百变经验，统统智慧拿来，为我发展把脉助力，"他山之石，可以攻玉"！我们全体经济人、资本人、社会人、专业人士，应当从各自不同角度，来分析、把脉和掌控自己命运，谋大善小，志存高远！愿我们老年人群体，安享幸福晚年，尽享太平盛世。

新时代人生豪迈

又到一年一度年终总结时。作为人民教师，倍感国家育人责任、社会育才责任之重大。其实，教育最高境界，就是自教与无教。自我觉醒、自我教育，才是真谛、真教育。所谓慎独、自律，头顶神明，智者膝下有黄金。社会大学，才是我们每个人永远的大学堂，在这里，没有毕业季，没有太多奢侈的免费赠予，只有自己不懈的艰辛努力，习主席说的好，"天上不会掉馅饼""大家要撸起袖子加油干""打铁还须自身硬"。在这所社会大学里，每个人都在做着自己的人生答卷。人生，没有平白无故的成功，也没有无缘无故的失败。新时代，我们更要苦练内功，内化于心，外化于行。严于律己，宽以待人。努力在打造物质财富的同时，以更加昂扬的斗志，来打磨自己的精神和文化品质，要深耕律己阅人本领，在律己层面：1.多实干，少慵懒；2.多创新，少陈腐；3.多给予，少攫取。在阅人层面：1.看人长处；2.帮人难处；3.记人好处。新时代，我们健步走来，新时代人生豪迈！

我们感谢这个伟大的时代！启航，2019！我们即将送走2018，励志者，必将迎来更加美好的未来！2018，是我们夯实基础的一年，更是每个人谋篇布局迎接美好未来转折之年。40 年的改革开放，积累了巨大的物质财富和精神财富，2019 年将开启全面改革开放的新时代。越是愿景美好，我们越是要苦练内功。国家富强、民主、文明、和谐，需要我们每个人辛勤的努力与付出，经济层面物质财富壮大了，更要注重精神文明的质量打磨与品行提升，国家品质特色的浩瀚大海直接源于亿万中华子孙的涓涓细流的汇聚于整合。

每个中国人都应该时刻牢记，我的言谈举止，不仅代表着我自己，更代表着这个时代，代表着国家利益与时代形象。包容大度、笑傲世界、从容淡定，是当今中国新时代的最大特色。为深入贯彻习近平新时代中国特色社会主义思想和党的十九大精神，教育引导广大干部为决胜全面建成小康社会、夺取新时代中国特色社会主义伟大胜利、实现中华民族伟大复兴的中国梦不懈奋斗，全国人民万众一心，进一步激励广大干部要以"三新心态"不断修炼自己，要新时代新担当新作为。

一、大力教育引导干部担当作为、干事创业。坚持用习近平新时代中国特色社会主义思想武装干部头脑，增强干部信心，增进干部自觉，鼓舞干部斗志。坚持严管和厚爱结合、激励和约束并重，教育引导广大干部不忘初心、牢记使命，强化"四个意识"，坚定"四个自信"，以对党忠诚、为党分忧、为党尽职、为民造福的政治担当，满怀激情地投入新时代中国特色社会主义伟大实践。教育引导广大干部深刻领会新时代、新思想、新矛盾、新目标提出的新要求，以时不我待、只争朝夕、勇立潮头的历史担当，努力改革创新、攻坚克难，不断锐意进取、担当作为。教育引导广大干部不负党和人民重托，以守土有责、守土负责、守土尽责的责任担当，在其位、谋其政、干其事、求其效，努力做出无愧于时代、无愧于人民、无愧于历史的业绩。各级领导干部要切实发挥示范表率作用，带头履职尽责，带头担当作为，带头承担责任，一级带着一级干，一级做给一级看，以担当带动担当，以作为促进作为。

二、鲜明树立重实干重实绩的用人导向。坚持好干部标准，突出信念过硬、政治过硬、责任过硬、能力过硬、作风过硬，大力选拔敢于负责、勇于担当、善于作为、实绩突出的干部。坚持从对党忠诚的高度看待干部是否担当作为，注重从精神状态、作风状况考察政治素质，既看日常工作中的担当，又看大事要事难事中的表现。坚持有为才有位，突出实践实干实效，让那些想干事、能干事、干成事的干部有机会有舞台。坚持全面历史辩证地看待干部，公平公正对待干部，对个性鲜明、坚持原则、敢抓敢管、不怕得罪人的干部，符合条件的要大胆使用。坚持优者上、庸者下、劣者汰，对巡视等工作中发现的贯彻执行党的路线方针政策和决策部署不坚决不全面不到位等问题，组织部门要及时跟进，对不担当不作为的干部，根据具体情节该免职的免职、该调整的调整、该降职的降职，使能上能下成为常态。

三、充分发挥干部考核评价的激励鞭策作用。适应新时代新任务新要求，完善干部考核评价机制，切实解决干与不干、干多干少、干好干坏一个样的问题。突出对党中央决策部署贯彻执行情况的考核，制定出台党政领导干部考核工作条例，改进年度考核，推进平时考核，构建完整的干部考核工作制度体系。体现差异化要求，合理设置干部考核指标，改进考核方式方法，增强考核的科学性、针对性、可操作性，调动和保护好各区域、各战线、各层级干部的积极性。完善政绩考核，引导干部牢固树立正确政绩观，防止不切实际定目标，切实解决表态多调门高、行动少落实差等突出问题，力戒形式主义、官僚主义。强化考核结果分析运用，将其作为干部选拔任用、评先奖优、问责追责的重要依据，使政治坚定、奋发有为的干部得到褒奖和鼓励，使慢作为、不作为、乱作为的干部受到警醒和惩戒。加强考核结果反馈，引导干部发扬成绩、改进不足，更好忠于职守、担当奉献。

四、切实为敢于担当的干部撑腰鼓劲。建立健全容错纠错机制，宽容干部在改革创新中的失误错误，把干部在推进改革中因缺乏经验、先行先试出现的失误错误，同明知故犯的违纪违法行为区分开来；把尚无明确限制的探索性试验中的失误错误，同明令禁止后依然我行我素的违纪违法行为区分开来；把为推动发展的无意过失，同为谋取私利的违纪违法行为区分开来。各级党委（党组）及纪检监察机关、组织部门等相关职能部门，要妥善把握事业为上、实事求是、依纪依法、容纠并举等原则，结合动机态度、客观条件、程序方法、性质程度、后果影响以及挽回损失等情况，对干部的失误错误进行综合分析，对该容的大胆容错，不该容的坚决不容。对给予容错的干部，考核考察要客观评价，选拔任用要公正合理。准确把握政策界限，对违纪违法行为必须严肃查处，防止混淆问题性质、拿容错当"保护伞"，搞纪律"松绑"，确保容错在纪律红线、法律底线内进行。坚持有错必纠、有过必改，对苗头性、倾向性问题早发现早纠正，对失误错误及时采取补救措施，帮助干部吸取教训、改进提高，让他们放下包袱、轻装上阵。严肃查处诬告陷害行为，及时为受到不实反映的干部澄清正名、消除顾虑，引导干部争当改革的促进派、实干家，专心致志为党和人民干事创业、建功立业。

五、着力增强干部适应新时代发展要求的本领能力。按照建设高素质专业化干部队伍要求，强化能力培训和实践锻炼，提高专业思维和专业素养，涵养干部担当作为的底气和勇气。加强专业知识、专业能力培训，促使广大干部全面提高学习本领、政治领导本领、改革创新本领、科学发展本领、依法执政本领、群众工作本领、狠抓落实本领、驾驭风险本领。注重培养专业作风、专业精神，引导广大干部坚持理论联系实际，干一行爱一行、钻一行精一行、管一行像一行。突出精准化和实效性，围绕贯彻落实新发展理念、推动高质量发展和建设现代化经济体系、推进供给侧结构性改革、打好三大攻坚战等一系列重大战略部署，帮助干部弥补知识弱项、能力短板、经验盲区，全面提高适应新时代、实现新目标、落实新部署的能力。优化干部成长路径，注重在基层一线和困难艰苦地区培养锻炼，让干部在实践中砥砺品质、增长才干。

六、满怀热情关心关爱干部。坚持严格管理和关心信任相统一，政治上激励、工作上支持、待遇上保障、心理上关怀，增强干部的荣誉感、归属感、获得感。完善和落实谈心谈话制度，注重围绕深化党和国家机构改革等重大任务做好思想政治工作，及时为干部释疑解惑、加油鼓劲。健全干部待遇激励保障制度体系，完善机关事业单位基本工资标准调整机制，实施地区附加津贴制度，完善公务员奖金制度，推进公务员职务与职级并行制度，健全党和国家功勋荣誉表彰制度，做好平时激励、专项表彰奖励工作，落实体检、休假等制度，关注心理健康，丰富文体生活，保证正常福利，保障合法权益。要给基层干部特别是工作在困难艰苦地区和战斗在脱贫攻坚第一线的干部更多理解和支持，主动排忧解难，在政策、待遇等方面给予倾斜，让他们安心、安身、安业，更好履职奉献。

七、凝聚形成创新创业的强大合力。各级党组织要深刻把握新时代新使命新征程，切实增强政治领导力、思想引领力、群众组织力、社会号召力，大力弘扬中华民族的伟大创造精神、伟大奋斗精神、伟大团结精神、伟大梦想精神，让广大干部聪明才智充分涌流，让各类人才创造活力竞相迸发，形成锐意改革、攻坚克难的良好社会风尚。加强科学统筹，制定和执行政策坚持具体问题具体分析，坚持分类指导、精准施策，充分发挥政策的激励引导和保障支持作用。大兴调查研究之风，尊重基层首创精神，鼓励基层结合实际探索创新，充分调动干事创业的积极性。加强党内政治文化建设，弘扬忠诚老实、公道正派、实事求是、清正廉洁等价值观，引导干部自觉践行"三严三实"，不断增强政治定力、纪律定力、道德定力、抵腐定力，习惯在受监督和约束的环境中工作生活。加强舆论引导，坚持激浊扬清，注重保护干部声誉，维护干部队伍形象。大力宣传改革创新、干事创业的先进典型，激励广大干部见贤思齐、奋发有为，撸起袖子加油干，奋力谱写社会主义现代化新征程的壮丽篇章。

一辈子要记住三句话，"看人长处、帮人难处、记人好处"。看人长处，人无完人，每个人都有缺点，如果你总是盯着别人的缺点不放，你们的关系肯定好不了，反之，学会换位思考，多看别人的优点，你就会发现，越看别人就越顺眼，就能与人处好关系。帮人难处，就是在别人困难的时候，伸出你的援助之手，只要力所能及就好，锦上添花，不如雪中送炭。人在春风得意的时候你帮他，他不一定会记得你。在别人有难的时候你给予了帮助，人家会记你一辈子的好。在你有困难的时候，人家也会同样帮助你，你的路才会越走越宽。记人好处，就是要常怀感恩之心。永远记得别人的好，才能每天拥有阳光，每天都有朋友相伴，终生都有幸福相随；相反，总是记得别人的不是，只会苦了自己。

2019 新年寄语，我们坚信，励志者，必将迎来更加美好明天！

启航！2019！

启示与感悟：

信心就是财富，就是力量。品质就是初心，就是万源之源。我们要努力在新一轮全面改革开放的大潮中，勇立潮头，风雨兼程，练好基本功，精于审时度势、强化律己阅人做事本领。2019 年，我们迎来下一个全面改革开放 40 年历程的恢宏开篇。大力教育引导干部群众担当作为、干事创业。鲜明树立重实干重实绩的用人导向。充分发挥干部群众考核评价的激励鞭策作用。切实为敢于担当的干部群众撑腰鼓劲。着力增强干部群众适应新时代发展要求的本领能力。满怀热情关心关爱干部群众。凝聚形成创新创业的强大合力。大力弘扬中华民族的伟大创造精神、伟大奋斗精神、伟大团结精神、伟大梦想精神，让广大干部群众聪明才智充分涌流，让各类人才创造活力竞相迸发，形成锐意改革、攻坚克难的良好社会风尚。加强科学统筹，制定和执行政策，坚持具体问题具体分析，坚持分类指导、精准施策，充分发挥政策的激励引导和保障支持作用。大兴调查研究之风，尊重基层首创精神，鼓励基层结合实际探索创新，充分调动干事创业的积极性。大力宣传改革创新、干事创业的先进典型，激励广大干部群众见贤思齐、奋发有为，撸起袖子加油干，奋力谱写社会主义现代化新征程的壮丽篇章。启航，2019！

启示 32

股价跌破净资产凸显投资价值

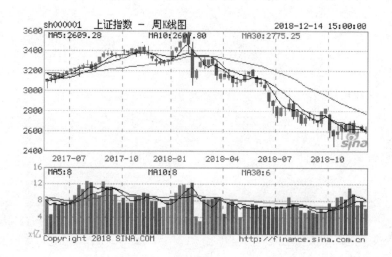

2018 年 12 月 15 日 00∶56 新浪财经/证券日报报道，价值投资，迎来战略布局良机。近期 A 股市场反复震荡，2600 点阵地昨日再度失守，沪指最新报收 2593.74 点。伴随着行情的持续走弱，两市破净股数量也逐渐增多，昨日两市破净股数达到 339 只，较 2017 年末的 38 只破净股数量更是增加了近 9 倍。

《证券日报》市场研究中心进一步梳理发现，339 只破净股中，华映科技（0.46 倍）、供销大集（0.52 倍）、利源精制（0.54 倍）、天神娱乐（0.56倍）、众泰汽车（0.57倍）、福星股份（0.58倍）、金洲慈航（0.59倍）、华业资本（0.59倍）、宏图高科（0.60倍）和华夏银行（0.60倍）等个股最新市净率在0.6倍及以下，破净幅度超40%（含40%）。银行板块仍是破净股的高发地，28只银行股中，有19只银行股处于破净状态，除华夏银行外，民生银行、交通银行、中信银行、中国银行、江苏银行、光大银行、浦发银行、北京银行和兴业银行等银行股破净幅度也较为居前，均在20%以上。

业绩方面，上述339只破净股中，云内动力、南京银行、贵阳银行、富临精工、天润曲轴和长园集团等6只个股2013年以来连续五年净利润同比增幅超10%，业绩呈现出稳定的高增长态势，估值与业绩明显错配，后市估值提升的概率或更高。

从昨日市场表现来看，有78只破净股股价表现跑赢大盘，其中珈伟新能、江铃汽车和长安汽车逆市上涨，赛轮轮胎、云内动力和广东鸿图股价收平，广州发展、美好置业、中煤能源、上海银行、北京银行、青岛双星和中国银行等多只个股跌幅较小，均在1%以内。市场表现居前、业绩表现突出的云内动力，最新市净率为0.94倍，公司股票破净、价值低估后，受到了公司层面的高度关注。11月份公司公告称，公司拟通过深圳证券交易所交易系统以集中竞价交易方式回购公司A股股份。本次回购资金总额不低于人民币10000万元，不超过人民币20000万元，回购价格不超过人民币3.02元/股。

值得一提的是，部分破净股已经吸引了券商的关注。有21只破净股近30日内机构给予"买入"或"增持"等看好评级家数均在2

家及以上，其中宝钢股份（6家）、美凯龙（5家）、中国化学（3家）、工商银行（3家）、开滦股份（3家）和中远海能（3家）等6只个股近30日内机构给予的看好评级家数更是在3家及以上。

对于破净股后市走势及掘金思路，业内人士也表示，股价破净一是因为业绩下滑，拖累股价表现，加上市场行情不振，导致跌破净资产；二是业绩大幅向好，但是A股场内资金有限，股价表现不积极，与每股净资产出现了倒挂。部分破净股公司不乏业绩成长性，这一般来说会是存在的价值洼地，是很好的布局机会。因为绝大多数股票破净后，跌幅都不会太大，具有较高的安全边际，一旦市场回暖，可能会存超额收益。从长期价值投资分析的角度来看，破净也是一个值得参考的选股指标。

深入分析研究上市公司的投资价值，是每一位投资理财参与者都应必备的考试与答卷，如何出比较正确的答案，是非下苦功不可的。破净股是指股票的每股市场价格低于它每股净资产价格。破净全称为股价跌破净资产值，当股票的市场价格低于每股净资产时就叫"破净"。从长期价值投资分析的角度出发，破净股是一个重点淘金的选股方向，可以预见，随着熊市调整行情的深入，未来的时间里，破净股还会陆续增加。投资者可以将破净股设立一个单独的自选板块加以重点研究。

一、要深入分析研究破净股票的成长性

破净股投资机会的选择仍然要注意成长性。通常讲，容易发生破净情况的个股一般属于行业周期不景气，或者讲是成长性一般，

市场竞争激烈的夕阳产业，也可以理解为是宏观经济紧缩冲击较大的行业，从目前掌握的破净股的行业分布情况看，以钢铁、电力、机械股为最，这说明这些行业受到国民经济周期影响比较突出，当前国家经济适度从紧，固定资产投资规模处于继续压缩控制行业，历来，我国经济有个五年计划的远景规划，那么，在未来的这个时间里，与之相关的行业肯定还会走下坡路的，短期不会有什么好的投资收益，投资者在个股选择上必须要放眼未来，要有长期投资的思想准备。

二、要积极关注破净股票的相关财报参考数据

破净股投资机会的研究同时还要注意参考其他几大主要经济指标和基本财务数据。破净，从会计学原理讲，即使公司破产，也能够在清算中获得不低于面值的补偿，但是，站在证券投资的角度上讲，很少有投资者会去指望这样的结局。破净不是衡量个股价值关系的唯一依据，它必须结合市场估值体系的高低，每股净资产收益以及综合利润率等多种情况，正确的思路应该是，以破净或接近净资产为一个标准，以其他各种经济考核指标为纵横分析为依靠，以长期增长率为准绳，一是行业对比，二是可持续盈利水平对比，好中选好，优中选优，视为上上策。

三、要分析研究实际资产质量动态变化

破净股的投资机会仍然要注意公司大小非结构情况以及实际资产质量。2008 年后，中国股市有个新的问题，那就是大小非减持，

所有上市公司股权面临全流通的问题。在选股操作上，投资者不但要综合考虑相关股票的基本面情况，更要考虑大小非持股结构情况。买股要买大非牢牢控股的龙头企业股票，而不是大小非结构复杂，存在竞相抛售出走可能的品种，一个上市公司，如果连大小非都不看好，都坚决出走的企业，必然会成为退市对象，这样的企业万万游戏不得。另外，破净股还有一种可能，那就是净资产质量存在靠不住，比如前期文字里评论过的南京高科，每一个财务报表期间的净资产都出现不同程度的贬值和缩水，这是为什么呢？就是因为其资产质量不过关，属于金融投资产品比较大。还有的上市公司的一些资产折旧不一，一些破烂不堪的资产没有核减冲销，还在以优质资产估价，可见，这样的净资产就有很高的水分，投资者在研究报表的过程中应该好好区分。

四、破净股和绩优股不同

破净股是指股票的每股市场价格低于它每股净资产价格。破净全称为股价跌破净资产值，当股票的市场价格低于每股净资产时就叫"破净"。从长期价值投资分析的角度出发，破净股是一个重点淘金的选股方向，可以预见，随着熊市调整行情的深入，未来的时间里，破净股还会陆续增加。投资者可以将破净股设立一个单独的自选板块加以重点研究。破净股不能与绩优股画等号。绩优股就是业绩优良公司的股票。但对于绩优股的定义国内外却有所不同。在我国，投资者衡量绩优股的主要指标是每股税后利润和净资产收益率。一般而言，每股税后利润在全体上市公司中处于中上地位，公司上市后净资产收益率连续三年显著超过 10% 的股票当属绩优股之列。

启示与感悟：

各类投资者，要以动态化心态积极关注破净股的发展走势，特别是在面临重大事件之时，事前、事中和事后，均会对股价有直接或间接、超前或滞后的事件驱动效应，市场走势反应如何，还要与国际国内基本面有关，与行业发展预期密切相关，与主要参与人员及资源变化背景有关，所有直接或间接事件动态变化，不可不察。不论市场逃顶或抄底，均应采取循序渐进方法，稳步推进、不可盲目妄动，不能一蹴而就，做到心中有股，手中无股，手中有钱，账上无钱。要有长短线遥相呼应的意识。那么如何看待破净股？从历史上看，如果市场出现大批股票跌破净资产价格，都是一个市场底部的迹象，虽然很难判断走出底部需要多长时间，但历史经验一再证明，此时投资最终往往都有较好的回报。因为只有人气最低迷的时候才有这种现象出现，而此时也是投资良机，一旦"破净"，说明投资者对市场非常悲观。而市场呈现最悲观之时，恰是人心最该积极应对之际。其实从长期价值投资分析的角度出发，"破净股"是一个可以参考的选股方向，容易发生破净情况的个股一般属于行业周期不景气、成长性一般、市场竞争激烈的夕阳产业，这些行业受到国民经济周期影响十分突出，在未来的产业发展趋势中，它们也属于宏观经济紧缩冲击较大的行业。投资者在挑选个股时，一定要看其未来业绩的增长性，这些传统的、强周期性的行业肯定还会走下坡路的，对于一些业绩增长不确定的个股，投资者一定要慎重选择。

启示 33

人民币国际融资便利化

本人对人民币国际化的前景充满信心，并潜心致力于人民币国际化金融环境创新实践与便利化可持续发展分析与研究，人民币国际化正呈现快速良性可持续发展态势，与中国经济整体影响力和经济价值提升形成有力对称与呼应，对称性表现为过去和当下的静态状况，而呼应性更多体现在主动与被动、积极与消极的动态化博弈性进程。中国经济发展的积极主动且富有智慧的博弈运筹为世界经济的稳步复苏和健康发展起到了十分重要的促进作用。未来人民币汇率将继续按照以市场供求为基础、参考一篮子货币进行调节的形成机制有序运行。人民银行将继续完善人民币汇率市场化形成机制，进一步发挥市场在汇率形成和运行中的决定性作用，逐步形成以市场供求为基础、双向浮动、有弹性的汇率运行机制，保持人民币汇率在合理均衡水平上的基本稳定。人民币正式加入 SDR 货币篮子标志着人民币国际化进入新的发展阶段。2018 年，将继续以服务实体经济为出发点和落脚点，积极有为、扎实推进人民币国际化，保持人民币在全球货币体系中的稳定地位。外经外贸营商环境将更加优化、金融服务更加便利化。

一、人民币影响力日益提升

近年来，受益于改革开放 30 多年的厚重经济底蕴，特别是党的十八大以来，人民币国际化进程扎实稳步推进，人民币在全球货币体系中保持稳定地位。特别是自 2005 年 7 月 21 日汇改以来，人民币已持续升值约 30%，人民币国际化正呈现快速良性可持续发展态势，与中国经济整体影响力和经济价值提升形成有力对称，为世界经济的稳步复苏和健康发展起到了十分重要的促进作用。未来人民币汇率将继续按照以市场供求为基础、参考一篮子货币进行调节的形成机制有序运行。人民银行将继续完善人民币汇率市场化形成机制，进一步发挥市场在汇率形成和运行中的决定性作用，逐步形成以市场供求为基础、双向浮动、有弹性的汇率运行机制，保持人民币汇率在合理均衡水平上的基本稳定。

据环球银行金融电信协会（SWIFT）统计，2016 年 12 月，人民币成为全球第 6 大支付货币，市场占有率为 1.68%。2016 年 10 月 1 日，人民币正式纳入国际货币基金组织特别提款权（SDR）货币篮子，这是人民币国际化的重要里程碑。

人民币稳居中国跨境收付第二大货币。2016 年，跨境人民币收付金额合计 9.85 万亿元，占同期本外币跨境收付金额的比重为 25.2%，人民币已连续 6 年成为中国第二大跨境收付货币。其中，经常项目人民币收付金额 52274.7 亿元，对外直接投资（ODI）人民币收付金额 10618.5 亿元，外商直接投资（FDI）人民币收付金额

13987.7 亿元。截至 2016 年末，使用人民币进行跨境结算的境内企业约 24 万家。

人民币国际使用稳步发展。截至 2016 年末，中国境内（不含港、澳、台地区，下同）银行的非居民人民币存款余额为 9154.7 亿元，主要离岸市场人民币存款余额约为 1.12 万亿元，人民币国际债券未偿余额为 7132.9 亿元。

截至 2016 年末，共有 18 个国家和地区获得人民币合格境外投资者（RQFII）额度，合计人民币 1.51 万亿元；共有 407 家境外机构获准进入银行间债券市场，入市总投资备案规模为 1.97 万亿元。据不完全统计，截至 2016 年末，共有 60 多个国家和地区将人民币纳入外汇储备。

人民币资本项目可兑换稳步推进。2016 年，将全口径跨境融资宏观审慎管理试点范围扩大至全国；进一步开放和便利境外机构投资银行间债券市场，简化人民币合格境外机构投资者管理，完善沪港通机制，取消总额度限制，启动深港通。

人民币国际合作成效显著。截至 2016 年末，人民银行与 36 个国家和地区的中央银行或货币当局签署了双边本币互换协议，协议总规模超过 3.3 万亿元人民币；在 23 个国家和地区建立了人民币清算安排，覆盖东南亚、欧洲、中东、美洲、大洋洲和非洲等地，便利境外主体持有和使用人民币。

人民币跨境使用基础设施进一步完善。2016 年，进一步推动人民币跨境支付系统（CIPS）系统建设和直接参与者扩容。进一步规范和完善人民币跨境收付信息管理系统（RCPMIS）业务规则，提高数据报送质量。

人民币正式加入 SDR 货币篮子标志着人民币国际化进入新的发展阶段。2018 年，将继续以服务实体经济为出发点和落脚点，积极有为、扎实推进人民币国际化，保持人民币在全球货币体系中的稳定地位。

二、外经外贸营商环境更加优化

以大连海关营商环境为例。大连海关积极参加大连市开展的优化营商环境建设年活动，针对营商环境中存在的问题进行专项整治，特别是金融投融资方面给予企业更多便利，提高通关便利化，努力营造公开透明、高效便利、可预期的营商环境，促进关区外贸经济持续增长。2017 年第一季度，大连海关进口货物通关时间 25.86 小时，同比减少 9.19%；出口货物通关时间 2.99 小时，同比减少 19.62%。大大促进了进口发展，有力强化了国外供货商的备货发货等国际合作力度。落实"三互"推进大通关建设，先后与出入境检验检疫局、海事、边防等部门开展改革探索，构建起了"信息互换、监管互认、执法互助、资源共享"的"3＋1"新型通关模式，大幅提升了通关效率，真正改变了口岸执法模式。以大窑湾口岸关检原产地封互认一项措施为例，每月可为相关企业节省直接成本近 30 万元。进一步降低企业通关成本，全面清理规范进出口环节经营性收费，加强对正面清单收费项目的管理，在东北地区率先实施免除查验没有问题外贸企业吊装、移位、仓储费用试点工作，自 2016 年 5 月 10 日试点工作启动以来，共为大连地区企业免除查验没有问题集装箱 21528 个自然箱，估算为企业节省费用约 2000 万元人民币。

针对英特尔公司追加投资 349.8 亿元升级改造大连工厂现有设施项目，量身定制便捷通关措施，在特殊区域间实现分批送货、自行运输、集中申报的便捷通关模式，在特殊监管区域内采用"整进分出、分送集报"和"车机直取"的监管模式，加班加点，为英特尔提供 24 小时全天候监管通关物流服务，保证英特尔生产高效顺利进行，企业升级改造工程提前实现顺利投产，2017 年 5 月全新数据中心级固态盘实现量产，标志着大连市集成电路产业跃上新高度。大力助推大连港散货物流中心矿石码头保税堆场开展保税混矿业务，有力提升大连港综合服务功能。2016 年 3 月份保税混矿业务启动至今，大连港散货物流中心矿石堆场共完成保税混矿 720.51 万吨，货值超 24.19 亿元，征收税款超 4.11 亿元，帮助企业一年内扭亏为盈，甩掉了亏损 8000 万的包袱，让企业享受实实在在的改革"红利"。

全面开展"主动披露"试点，对企业向海关主动披露的非实质性违规事，采取从轻或免予处罚的措施，引导企业守法自律，通过对某大型企业启动"主动披露"制度，帮助企业免遭上亿元的处罚和近 7000 万元的出口退税损失。加大打击走私工作力度，坚持"破大案、打团伙、摧网络"，连续破获多起大案要案，打击走私捷报频传，对口岸违法犯罪活动起到了有力的震慑作用。经过积极努力，大连外贸呈现出筑底企稳、大幅回升的良好态势，为营造大连口岸高效便捷的营商环境做出了积极努力，为全国外经外贸营商环境创造了有利环境模式。

三、一带一路经贸合作商机无限

目前，包括亚欧在内的世界各国都面临着一些新的经济和社会问题，如欧洲面临福利制度改革、经济结构调整、降低失业率、解决移民问题等难题；亚洲也面临产业升级转型及环境保护、可持续发展等问题。还有诸如气候变暖、能源安全等全球性问题。在这种情况下，互联互通的理念应运而生。中国提出"一带一路"倡议，其实质是以互联互通促进亚欧大陆的发展和繁荣稳定。因此，亚欧必须密切合作，以应对全球化带来的挑战，同时利用好其带来的机遇。对亚欧两大区域双方来说，这是与 20 年前相比最大的不同之处。欧盟也提出了自己的互联互通计划，一是设立了基础设施建设融资平台"欧洲战略投资基金"，计划三年内通过多种渠道筹资3150 亿欧元，用于能源、交通、宽带网络的基础设施建设；二是建立"能源联盟"，联结东欧、波罗的海沿岸、伊比利亚半岛等"能源孤岛"，建设液化气枢纽及石油、天然气管道；三是建设泛欧交通网，规划"九大走廊"，涉及机场、港口、铁路、公路；四是加速建立数字单一市场，促进跨境的电子商务发展，提升数字产业，刺激大数据、云计算等信息通讯产业的升级发展；五是注重与周边地区的融合和联结，推进与邻国的道路交通、能源管道、高压电网等基础设施建设。欧盟邻国政策对象国包括苏联国家及地中海沿岸的中东、北非等地区国家，也大多位于"一带一路"路线图上。投融资的优化和便利化必将形成双赢或多赢的良好态势。

此外，欧洲各国根据自身实际情况也提出了自己的未来发展战略，如德国提出"工业 4.0"计划，英国提出北部发展计划，法国提出大巴黎改造计划，波兰提出"负责任的发展计划"，匈牙利提出"向东看"战略等等，并均尝试与"一带一路"倡议对接。在亚洲，印度、巴基斯坦、哈萨克斯坦以及东南亚国家等也都提出自己的发展计划，这些计划有着广阔的对接空间和极大的合作潜能。

在基础设施建设领域，亚欧大陆互联互通计划庞大，中国的"一带一路"建设更是有无限商机，欧盟需要中国的资本和建设能力，中国可借助欧洲的经验和管理技能，吸引欧洲企业参与"一带一路"建设；在贸易和投资领域，加快推进便利化措施，促进亚欧大陆国家间的双向贸易与投资；在金融领域，不断拓展合作面，包括为贸易与投资的本币结算提供制度性便利等；在人文交流领域，当前亚欧各国人文交流日益频繁，文化、教育、旅游等领域合作精彩纷呈，但仍须在政府引导的情况下，持续加强亚欧国家民间相互了解和理解；在安全领域，亚欧大陆冲突不断，增加了"一带一路"和互联互通实施难度，埋下安全隐患，但也为亚欧国家安全合作提供动力。无论是在地区发展、核安全上，还是在打击武器和毒品走私、海外利益保护、边境和移民管控等非传统安全议题上，亚欧各国都有必要加强合作，共同携手努力打造亚欧及全球人类命运共同体，大大助力全球经济贸易可持续发展，福泽"一带一路"沿线各国亿万广大民众。

四、金融服务更加便利化

跨境人民币金融服务更加便利化，就各类收付业务统计来看，

2016 年，跨境人民币收付金额合计 9.85 万亿元，同比下降 18.6%，占同期本外币跨境收付总额的比重为 25.2%，比上年下降 3.5 个百分点，其中收款 3.79 万亿元，付款 6.06 万亿元，净支出 2.27 万亿元，收付比为 11.6。

1. 经常项目

2016 年，经常项目人民币收付金额合计 5.23 万亿元，同比下降 27.7%，其中，货物贸易收付金额 4.12 万亿元，同比下降 35.5%，占同期货物贸易本外币跨境收付金额的比重为 16.9%；服务贸易及其他经常项目收付金额 1.11 万亿元，同比增长 31.2%。2016 年，经常项目人民币收款 2.15 万亿元，付款 3.08 万亿元，净支出 9273.7 亿元，收付比为 11.43。

就跨境直接投资业务来看，2016 年，对外直接投资（ODI）人民币收付金额 1.06 万亿元，同比增长 44.2%；外商直接投资（FDI）人民币收付金额 1.4 万亿元，同比下降 11.9%。

跨境双向人民币资金池业务。截至 2016 年末，全国共设立跨境双向人民币资金池 1716 个。其中，1052 个资金池发生了资金跨境收付，收款总额为 8766.6 亿元，付款总额为 8758.9 亿元，净流入 7.7 亿元。

沪港通和深港通业务。2016 年，沪股通和深股通资金流入总金额为 1105.5 亿元，流出总金额为 528.5 亿元，净流入 577.0 亿元；港股通资金流入 276.1 亿元，流出 2287.6 亿元，净流出 2011.5 亿元。

境外机构投资银行间债券市场。截至 2016 年 12 月末，共有 407

家境外机构获准进入银行间债券市场，包括：58 家境外央行类机构（包括境外央行、国际金融机构和主权财富基金）、112 家境外商业银行、28 家非银行类金融机构、204 家金融机构产品类投资者、5 家其他类型机构投资者。

从境外地域看，与我国发生跨境人民币收付业务的国家和地区达到 239 个。

2016 年，与中国香港地区的人民币收付金额占比为 53.6%，比 2015 年上升 0.7 个百分点。与德国、日本、韩国、澳大利亚、开曼群岛、越南等地人民币收付金额占比较 2015 年均有所上升。

2. 人民币作为储备货币

根据国际货币基金组织（IMF）"官方外汇储备货币构成"（COFER）季度数据，截至 2016 年 12 月末，人民币储备约合 845.1 亿美元，占标明币种构成外汇储备总额的 1.07%。据不完全统计，截至 2016 年末，60 多个国家和地区将人民币纳入外汇储备。

3. 人民币国际债券

2016 年中国债券市场共发行人民币债券 36.1 万亿元，同比增长 54.2%；截至 2016 年末，债券托管余额 63.7 万亿元，同比增长 33%；全市场共成交结算 829.4 万亿元，同比增长 22.9%，其中，现券交易 132.2 万亿元，交投活跃度大幅提升。截至 2016 年末，共有 407 家境外机构获准进入中国境内银行间债券市场，债券托管余额为 8000.3 亿元。

按照国际清算银行（BIS）狭义统计口径，截至 2016 年末，以人民币标价的国际债券余额为 6987.2 亿元，其中境外机构在离岸市场上发行的人民币债券余额为 5665.8 亿元，在中国境内发行的人民币债券余额为 1321.4 亿元。

截至 2016 年末，18 个国家和地区获得人民币合格境外投资者（RQFII）额度，共计人民币 1.51 万亿元。据不完全统计，截至 2016 年末，中国港澳台地区和新加坡、英国等主要离岸市场人民币存款余额约为 1.12 万亿元（不含存款证）。其中，中国香港人民币存款余额为 5467.1 亿元，同比下降 35.8%；新加坡人民币存款余额为 386 亿元，同比下降 43.1%；英国人民币存款余额为 510 亿元，同比增长 17.2%。

展望年底至 2018 年，人民币营商金融环境将更加便利化，人民币国际使用范围将进一步扩大，使用渠道将进一步拓宽。人民币国际化将在服务实体经济、促进贸易投资便利化方面发挥更为积极的作用。具体表现在以下几个方面：

1. 人民币支付货币功能将不断增强

中国经济稳中向好，人民币汇率形成机制不断完善，跨境人民币业务政策框架不断优化，将有越来越多的市场主体接受人民币作为计价结算货币。配合"一带一路"倡议，人民币在"一带一路"国家的使用也将稳步扩大。

2. 人民币投资货币功能将不断深化

随着中国金融市场双向开放广度和深度的不断增强，金融基础设施进一步完善，境外主体参与我国金融市场将更加便利，人民币跨境金融交易有望持续增长。

3. 人民币储备货币功能将逐渐显现

随着人民币正式加入 SDR 货币篮子，人民币国际地位持续提升，人民币国际接受程度将不断提高，各国央行和货币当局持有人民币作为储备货币的意愿将逐步上升。

4. 双边货币合作将继续稳步开展

与相关中央银行或货币当局的合作将继续加强，双边本币互换机制和双边本币结算协定将进一步完善，双边货币合作将在便利两国贸易和投资、维护金融稳定方面继续发挥积极作用。

5. 人民币国际化基础设施将不断完善

随着人民币跨境支付系统建设和人民币清算安排的不断推进，人民币清算效率不断提高，跨境清算网络不断完善。与人民币跨境使用、金融市场双向开放相适应的会计准则、评级制度、税收政策将不断完善。

另外，还要充分利用好传统的贸易融资方法，大力促进一带一路沿线各国贸易和融资便利化，积极主动创新实践出口商发货前的打包贷款，出口后的出口押汇和出口信贷等外经外贸融资方法，在汇付、托收和信用证项下广泛实践、稳步推进、更好地助力人民币国际化进程向更广更深领域稳步推进。

启示与感悟：

中国历史告诉我们，经济建设和国家富强才是硬道理，而经济和国家的强大要体现在经济规模和经济数字的强大上，要体现在主权货币影响力的强大上。只有这样，我们才能正确深刻领会中共中央在改革开放 40 周年庆祝期间所推出的 8 集大型政论专题片《必由之路》，才能进一步增强人们在习近平新时代中国特色社会主义思想指引下将改革开放进行到底的信心与决心。本人对人民币国际化的前景充满信心，并潜心致力于人民币国际化金融环境创新实践与便利化可持续发展分析与研究，人民币国际化正呈现快速良性可持续发展态势，与中国经济整体影响力和经济价值提升形成有力对称与呼应，对称性表现为过去和当下的静态状况，而呼应性更多体现在主动与被动、积极与消极的动态化博弈性进程。中国经济发展的积极主动且富有智慧的博弈运筹为世界经济的稳步复苏和健康发展起到了十分重要的促进作用。未来人民币汇率将继续按照以市场供求为基础、参考一篮子货币进行调节的形成机制有序运行。人民银行将继续完善人民币汇率市场化形成机制，进一步发挥市场在汇率形成和运行中的决定性作用，逐步形成以市场供求为基础、双向浮动、有弹性的汇率运行机制，保持人民币汇率在合理均衡水平上的基本稳定。人民币正式加入 SDR 货币篮子标志着人民币国际化进入新的发展阶段。2018 年，将继续以服务实体经济为出发点和落脚点，积极有为、扎实推进人民币国际化，保持人民币在全球货币体系中的稳定地位。外经外贸营商环境将更加优化、金融服务更加便利化。人民币国际化，是大国崛起之必须，是全面改革开放的具体表现，是中国经济历史之约、关键抉择、伟大跨越、力量之源、立国之本、兴国之魂、大国之盾，是与中国经济发展休戚与共的命运共同体。

启示 34

外汇风险管理与融资解析

在国际贸易实务操作中，货款的结算是交易商及参与各方都必须积极面对的基本业务。外汇风险的规避与管理直接影响企业的经济效益，应千方百计做好时空价量的策略应对，最终努力争取达到"损失最小化、受益最大化"，以此来促进国际贸易业务顺利推进。贸易融资法，是涉外企业各方，如外运、保险、制造商，特别是进出口商应该熟练掌握并灵活运用的基本业务技能。科学高效规避外汇风险、做好外汇风险管理、充分利用好实用贸易融资法，是进出口公司及自营外贸企业必须不断加强学习和实际应用的基本业务技能，是促进国际贸易业务发展的有效方法。在当今日益快速发展的外经外贸金融环境的新时代背景下，外汇风险管理能力和贸易融资便利化，已经成为涉外企业生存和发展的核心能力。

一、外汇风险管理

外汇风险管理就是对外汇风险的特征以及影响因素进行识别与测定，并分析、设计和选择防止损失发生的处理方案，以损失最小化和受益最大化的目标管理预期，来达到外汇风险管理的最佳效果。外汇风险是涉外经济，特别是国际贸易货款结算中不可避免的一种风险，对一国政府、企业乃至个人都会产生很大影响。因此，对待外汇风险应积极主动地进行风险规避管理，而不能简单消极应对、被动接受和无所作为。在当今日益快速发展的外经外贸金融环境的新时代背景下，外汇风险管理能力和贸易融资便利化已经成为涉外企业生存和发展的核心能力。下面就几种规避外汇风险的基本管理方法介绍如下：

1. 提早收付。提前收付包括提前收汇和提前付汇两种。所谓提前付汇是指在企业的应付外汇账款中的计价货币可能会出现升值时所使用的方法，而提前收汇是指在企业的应收外汇账款中的计价货币可能会出现贬值时所使用的方法。这种方法的原理主要是通过缩短外汇敞口的时间期限来规避交易风险。例如：中国的出口商与美国的进口商签订了以欧元为计价货币、受票人见票 30 天后付款的进出口合同，如果订立合同之后欧元出现了大幅度升值，而且这种升值趋势情形短时间内不会改变。这时美国的进口商就可以通过提前付汇的方法使损失降到最低。再比如，中国出口到美国的出口业务，远期汇票受票人见票 30 天后付款的应收货款 10 万美元，美元兑人民币汇率中，美元汇率在短期内出现贬值走势，即人民币呈现升值趋势，则出口商应尽快提早结汇收款，避免美元贬值人民币升值给出口商带来的应收人民币金额数量收缩的损失。在进口业务应付外汇货款时，预期美元升值人民币贬值，则进口商应提早买汇进口，以避免人民币贬值需花费更多人民币去购买等值的美元外汇。即常规做法采用"收硬付软"的货币选择方法，即出口收汇采用外汇走势升值趋硬的走势，而进口付汇外汇，则采用外汇走势呈贬值趋软的走势。

2. 延期收付：这种方法与提早收汇正好相反。当企业的应收外汇账款中的计价货币出现升值或者企业的应付外汇账款中的计价货币出现贬值时，可以延迟收付。在实际交易中，如果一方申请提前收付或延迟收付，一般会给对方一定的折扣来弥补对方的损失，折扣的多少由双方协商而定。

3. 选择货币法：选好或搭配好计价货币十分重要。

（1）选择本币计价

选择本币作为计价货币，不涉及货币的兑换，进出口商则没有外汇风险。

（2）选择自由兑换货币计价

选择自由兑换货币作为计价结算货币，便于外汇资金的调拨和运用，一旦出现外汇风险可以立即兑换成另一种有利的货币。

（3）选择有利的外币计价

注意货币汇率变化趋势，选择有利的货币作为计价结算货币，这是一种根本性的防范措施。一般的基本原则是"收硬付软"。由于一种结算货币的选择，与货币汇率走势，与他国的协商程度及贸易条件等有关，因此在实际操作当中，必须全面考虑，灵活掌握，真正选好有利币种。

（4）选用"一篮子"货币

通过使用两种以上的货币计价来消除外汇汇率变动带来的风险。

比较典型的"一篮子"货币有 SDRs 和 ECU。

（5）软硬货币搭配

软硬货币此降彼升，具有负相关性质。进行合理搭配，能够减少汇率风险。交易双方在选择计价货币难以达成共识时，可采用这种折中的方法。对于机械设备的进出口贸易，由于时间长、金额大，也可以采用这种方法。

4. 平衡抵消法避险

（1）平衡法亦称配对法（matching），指交易主体在一笔交易发生时，再进行一笔与该笔交易在货币、金额、收付日期上完全一致，但资金流向相反的交易，使两笔交易面临的汇率变化影响抵消。

具体包括两种：

一是单项平衡法。这种方法又可包括两方面：第一，严格意义上的单项平衡；第二，一般意义上的单项平衡。是指在外汇交易中做到收付币种一致，借、用、收、还币种一致，借以避免或减少风险。

二是综合平衡法，是指在交易中使用多种货币，软硬货币结合，多种货币表示头寸并存，将所在单项多头与空头合并，由此使多空两相抵消或在一个时期内各种收付货币基本平衡。该平衡法比单项平衡法更具灵活性，效果也较显著。

（2）组对法（pairing）指交易主体通过利用两种资金的流动对冲来抵消或减少风险的方法。

它与平衡法相比，其特殊点在于：平衡法是基于同一种货币的对冲，而组对法则基于两种货币的对冲。组对法比较灵活，也易于运用，但若组对不当反而会产生新的风险。因此，必须注意组对货币的选择。

（3）借款法（borrowing）指有远期外汇收入的企业通过向银行借入一笔与远期收入相同币种、相同金额和相同期限的贷款而防范外汇风险的方法。

其特点在于能够改变外汇风险的时间结构，把未来的外币收入现在就从银行借出来，以供支配，这就消除了时间风险，届时外汇收入进账，正好用于归还银行贷款。不过该法只消除了时间风险，尚存在着外币对本币价值变化的风险。

（4）投资法（investing）指当企业面对未来的一笔外汇支出时，将闲置的资金换成外汇进行投资，待支付外汇的日期来临时，用投资的本息（或利润）付汇。

一般投资的市场是短期货币市场，投资的对象为规定到期日的银行定期存款、存单、银行承兑汇票、国库券、商业票据等。这里要注意，投资者如果用本币投资，则仅能消除时间风险；只有把本币换成外币再投资，才能同时消除货币兑换的价值风险。

投资法和借款法都是通过改变外汇风险的时间结构来避险，但两者却各具特点，前者是将未来的支付移到现在，而后者则是将未来的收入移到现在，这是主要的区别。

二、实用贸易融资法

1. 出口押汇。出口押汇是指在出口商发货后，凭交付的合格的合同或信用证项下的单据，来融通资金。银行应出口商要求向其提供的以出口单据为抵押的在途资金进行融资行为。出口押汇的范围包括：信用证项下的出口押汇和跟单托收项下出口押汇；外币出口押汇和人民币出口押汇。出口押汇的原理就是出口商将单据押给银行后，将时间结构改变，因此也将外汇风险转移给了外汇银行。

2. 打包放款。打包放款指出口地银行为支持出口商按期履行合同、出运交货，向收到合格信用证的出口商提供的用于采购、生产和装运信用证项下货物的专项贷款。打包贷款的期限一般很短，出口商借入打包贷款后，很快将货物装船运出，在取得各种合格单据并向进口商开出汇票后，出口商通常前往贷款银行，请其提供出口抵押贷款，该银行收下汇票和单据后，将以前的打包放款改为出口押汇，这时的打包放款即告结束。打包放款对于出口商来说相当于把货款提前取出，所以收汇的风险也就大大降低了。

3. 出口信贷。出口国银行向本国出口商或外国进口商提供低利贷款，以解决本国出口商资金周转困难或满足外国进口商资金需要的一种融资业务（export credit）。

它包括两种形式：一是卖方信贷（supplier's credit），即由出口商所在地银行对出口商提供的贷款；二是买方信贷（buyer's credit），即由出口商所在地银行对外国进口商或进口方的银行提供的融资便利。出口商可以利用卖方信贷避免外汇风险。出口商以商业信用方式出卖商品时，在货物装船后立即将发票、汇票、提单等有关单据卖断给承购应收账款的财务公司或专业机构，收进全部或大部分货款，从而取得资金融通的业务。

4. 福费廷业务。其特点如下：

（1）福费廷业务中的远期票据产生于销售货物或提供技术服务的正当贸易，包括一般贸易和技术贸易。

（2）福费廷业务中的出口商必须放弃对所出售债权凭证的一切权益，做包买票据业务后，将收取债款的权利、风险和责任转嫁给包买商，而银行作为包买商也必须放弃对出口商的追索权。即包买商或包买银行对出口商是无追索权的，一旦进口商或进口地银行拒付货款，便无权或丧失了向出口商追索前款权益的权利。

（3）出口商在背书转让债权凭证的票据时均加注"无追索权"字样（Without Recourse），从而将收取债款的权利、风险和责任转嫁给包买商。包买商对出口商、背书人无追索权。

（4）传统的福费廷业务，其票据的期限一般在 1 至 5 年，属中期贸易融资。但随着福费廷业务的发展，其融资期限扩充到 1 个月至 10 年不等，时间跨度很大。

（5）传统的福费廷业务属批发性融资工具，融资金额由 10 万美元至 2 亿美元。可融资币种为主要交易货币。

（6）包买商为出口商承做的福费廷业务，大多需要进口商的银行做担保。

（7）出口商支付承担费（Commitment Fee）。在承担期内，包买商因为对该项交易承担了融资责任而相应限制了他承做其他交易的能力，以及承担了利率和汇价风险，所以要收取一定的费用。

（8）期限：福费廷属于中期融资，融资期限可长达 10 年。

（9）无追索权条款：福费廷业务的特色，是出口商转嫁风险的依据。福费廷业务项下银行对出口商放弃追索权的前提条件是出口商所出售的债权。

5. 保付代理。简称保理，是出口商以延期付款的形式出售商品，在货物装运后立即将发票、汇票、提单等有关单据，买断给保理机构，收进全部或部分货款，从而取得资金融通。

6. 运用系列保值法

（1）合同中加列保值条款

保值条款是经贸易双方协商，同意在贸易合同中加列分摊未来汇率风险的货币收付条件。在保值条款中交易金额以某种比较稳定的货币或综合货币单位保值，清算时按支付货币对保值货币的当时汇率加以调整。在长期合同中，往往采用这类做法。这种方法主要有：①黄金保值条款；②硬币保值；③"一篮子"货币保值。就是在合同中规定采用多种货币来保值，其做法与原理和硬币保值相同。

（2）调价保值

调价保值包括加价保值和压价保值等。在国际贸易中出口收硬币，进口付软币是一种理想的选择，但在实际当中有时只能是"一厢情愿"。在某些场合出口不得不收取软币，而进口被迫用硬币。此时就要考虑实行调价避险法，即出口加价和进口压价，借以尽可能减少风险。具体有两种方法：①加价保值；②压价保值。

7. 开展各种外汇业务，规避外汇风险

（1）即期合同法（spot contract）

指具有近期外汇债权或债务的公司与外汇银行签订出卖或购买外汇的即期合同，以消除外汇风险的方法。即期交易防范外汇风险需要实现资金的反向流动。企业若在近期预定时间有出口收汇，就应卖出手中相应的外汇头寸；企业若在近期预定的时间有进口付汇，则应买入相应的即期外汇。

（2）远期合同法（forward contract）

指具有外汇债权或债务的公司与银行签订卖出或买进远期外汇的合同，以消除外汇风险的方法。

具体做法是：出口商在签订贸易合同后，按当时的远期汇率预先卖出合同金额和币别的远期，在收到货款时再按原定汇率进行交割。进口商则预先买进所需外汇的远期，到支付货款时按原定汇率进行交割。

（3）期货交易合同法（future contract）

指具有远期外汇债务或债券的公司，委托银行或经纪人购买或出售相应的外汇期货，借以消除外汇风险的方法。这种方法主要有：①多头套期保值；②空头套期保值。

（4）期权合同法（option contract）

该法与远期外汇合同法相比，更具有保值作用。因为远期法届时必须按约定的汇率履约，保现在值不保将来值。但期权合同法可以根据市场汇率变动做任何选择，即既可履约，也可不履约。最多损失期权费。进出口商利用期权合同法的具体做法是：①进口商应买进看涨期权；②出口商应买进看跌期权。

（5）掉期合同法（swap contract）

指具有远期的债务或债权的公司，在与银行签订卖出或买进即期外汇的同时，再买进或卖出相应的远期外汇，以防范风险的一种方法。它与套期保值的区别在于：套期保值是在已有的一笔交易基础上所做的反方向交易，而掉期则是两笔反方向的交易同时进行。

（6）利率互换（interest rate swap）

它包括两种形式：一是不同期限的利率互换，另一种是不同计息方式（一般是固定利率与浮动利率）互换，通过互换降低筹资成本，以减少外汇波动风险。

启示与感悟：

在国际结算实战运用中，不管是货物贸易还是服务贸易，只要是跨境结算均要考虑时空价量的四维度最佳优势组合，不同的时间、不同的地点、不同的价格、不同交易量，均会影响到交易的成本与收益的大小，所以各类交易的参与各方不得不去防控风险、确保收益。从微观角度讲，是确保企业预期收益，从宏观角度来讲，是维护国际利益和经济安全平稳运行，避免出现系统性金融风险。交易结算的便利性是交易各方极为关切的核心焦点和营商目的，各级政府及机构管理部门应时刻牢记打造便利各方积极参与的营商环境服务和监督理念，引导打造运用各种便利营商环境的法律法规及各种规章制度，并金融实践中不断加以完善、巩固和提高。在国际贸易实务操作中，货款的结算是交易商及参与各方都必须积极面对的最基本业务。外汇风险的规避与管理直接影响企业的根本经济效益，应千方百计做好时空价量的策略应对，最终努力争取达到"损失最小化、受益最大化"，以此来促进国际贸易业务顺利推进。贸易融资法，是涉外企业各方，如外运、保险、制造商，特别是进出口商应该熟练掌握并灵活运用的基本业务技能。科学高效规避外汇风险、做好外汇风险管理、充分利用好实用贸易融资法，是进出口公司及自营外贸企业必须不断加强学习和实际应用的基本业务技能，是促进国际贸易业务发展的有效方法。在当今日益快速发展的外经外贸金融环境的新时代背景下，外汇风险管理能力和贸易融资便利化，已经成为涉外企业生存和发展的核心能力。营商环境基础和规则搞好了，各方机会和财源也就水到渠成，财源滚滚，事业兴旺发达了。

启示 35

中国股市前途光明

2018 年 1 月 2 日、3 日、4 日迎来节后三连阳开门红！三日分别带量攀升。5 日周五，或许还有上涨，或强势震荡调整，我们将拭目以待！总体战略考量，经济建设抗风险、转方式、调结构、保稳定、促发展、创新创业等举措已取得决定性阶段硕果。2018 新年第一天的股市，给人带来强大做多气势。特别是本质上的定向降准，各商业银行将获准动用存款准备金 2% 的上限，有专家称将有 1.5 万亿现金来补充市场现金流动性，以确保元旦至春节前后的生产生活现金充足的流动性，对金融市场特别是股票市场带来一股强劲向上做多之东风。相信，即使春节前再有震荡调整，也是中国经济慢牛、强牛、恒牛低头喝水、场外资金智慧介入的历史性良机。为此，当仔细分析当前市场走牛的金融环境大底，基础夯实了，必将力促2018、2019、2020 及 2021、2022 重大经济社会发展目标的实现。

一、回望 2017 年中国股市

2018 新年伊始，过去温暾水式的 2017，令人辗转反侧，历经磨砺，然而，整整一年弹指一挥间。让我们分享几个关键词：

1. 天价罚单。2017 年 3 月，证监会对鲜言等人操纵市场案采取"没一罚五"的顶格处罚，罚没金额合计 34.7 亿元。这是证监会有史以来最高金额的单笔处罚决定。事实上，加强对资本市场事中、事后监管已成常态。今年以来，截至 11 月底，证监会已经开出罚单超过 100 张，合计金额也超过 70 亿元，同比增幅超过 60%。

2. 减持新规。从子女上学到移民定居，从置业到理财，这些"奇葩"减持理由背后是 IPO 上市令众多低成本持股的大股东一夜暴富。5 月 27 日，证监会发布《上市公司股东、董监高减持股份的若干规定》，从股东身份、股票来源、减持通道等角度全面升级监管措施。

4. "二八现象"。占股票总数 20% 的大市值大盘蓝筹股连续上

3、"白马股"。11 月 16 日，贵州茅台站上 700 元的关口，引发市场对白马股的争论。白马股业绩优良、高成长、低风险，这固然是价值投资首选。然而，在一年之内翻一番后，茅台市值几乎等于贵州全省 GDP 总值时，我们该想想——到底是白马股太少，没得选？还是非要让白马变黑马，最后变成"野马"？涨，其他 80% 的中小市值的股票连续下跌。市场将今年这种走势称为"二八现象"。有人认为市场成熟的表现，也有批评者认为损害中小投资者利益。争论的不断升级也让"二八现象"成为 2017 年股市舆论场的关键词之一。

5. 发审委。其实，新一届发审委已经在 10 月 17 日开始发审工作，不过，证监会主席刘士余在 11 月 20 日还是带着这些新委员们来了一个就职宣誓。当时很多人认为，只是走个过场。但随后发生

的事超出了市场预期，IPO 过会率从 80% 降至 60% 以下。牢牢管好发审权力就是对投资者负责。

6. "铁公鸡"。12 月初，"铁公鸡"再次被证监会点名。证监会表示，对中长期没有现金分红的"铁公鸡"将严格监管。分红是天经地义的事，不应该要监管部门采取强硬手段后才去做。

7. MSCI. 6 月 21 日，全球领先指数供应商明晟（MSCI）宣布，2018 年 6 月将中国 A 股纳入 MSCI 新兴市场指数和 MSCI ACWI 全球指数。加入 MSCI 意味着什么？全球有超过 750 只 ETF 基金直接追踪 MSCI 指数，所投资的资金规模高达 10 万亿美元。A 股市场加入 MSCI 新兴市场指数，国际投资者就可以通过追踪指数来配置 A 股。很显然，这些国际资本的加入对上市公司、监管部门来说都是机遇与挑战并存。

回顾过去才能更好展望未来，事实上，关于 2018 年的宏观和股市展望多家内外资机构早已给出全面看法。

二、对 2018 年宏观经济九大猜想

以下是来自华创宏观研究报告。

2016 年以来的杠杆腾挪和供给约束使中国成功摆脱了工业通缩，经济重获韧性，宏观杠杆初现企稳。展望 2018，供给约束对价格的影响正在泛化，杠杆腾挪有望从居民部门切换至民间资本，通胀、居民消费、企业盈利和利率环境等也将随之发生结构性变化，宏观经济运行或将呈现如下结构性特征。

猜想一：居民消费增速向收入增速收敛。2018 年居民加杠杆确

定性放缓，对消费的挤出效应缓解，即使居民收入增速跟随名义GDP回落，居民消费增速也有一定的回升空间。

猜想二：企业盈利改善从上游向中下游扩展。2018年在ROE和盈利增速整体回落的同时，中下游销售净利率有望随PPI内部价差收窄而回升，从而支撑盈利的改善。

猜想三：国企去杠杆、民企有望加杠杆。为使宏观杠杆率得到有效控制，国企债务扩张面临较强约束，已完成资产负债表修复的民企有望在政策引导下重启加杠杆。

猜想四：民企参与PPP值得期待。严查地方政府违规举债、加强央企PPP风险管控的背景下，民企PPP参与程度的提升值得期待，当前制约民企参与PPP的诸多痛点有望缓解。

猜想五：租赁住房REITS突破式增长。租金回报率提高、房企融资需求旺盛叠加政策扶持，租赁住房REITS在2018年将迎来突破式增长。

猜想六：供给约束对价格的影响泛化。相比去产能，环保带来的供给约束影响更为泛化，在支撑PPI中枢的同时也将缩小上中下游的价差。

猜想七：核心CPI回落制约CPI中枢回升空间。食品和能源等非核心项将推升2018年CPI中枢至2%附近，但核心CPI的回落意味着通胀之狼仍旧不会归来。

猜想八：中小金融机构面临现实版的压力测试。中小金融机构面临现实版的压力测试。打破刚兑的政策基调下，核心资本不足的中小金融机构和薄弱地区的融资平台都将面临现实版的压力测试，潜在风险或贯穿全年。

猜想九：从欧强美弱走向美强欧弱。特朗普税改落地、欧洲政治风险可能阶段性上升、联储缩表紧缩效应正缓慢显现，2017 年的欧强美弱正走向美强欧弱，美元虽中周期已步入贬值通道，2018 年上半年将小幅升值。

三、国际金融机构展望

多家美欧机构研究认为，2018 年中国经济仍将保持强势增长，经济企稳和再平衡进程的持续推进将继续吸引海外投资者。未来国有企业改革、产业整合、压缩过剩产能都将有助于中国工业企业和制造业企业改善利润率。因此，预计未来中国企业股票估值还将上升，中国资产仍具有较强的吸引力。

摩根士丹利：到 2030 年中国名义 GDP 将从目前 12.1 万亿美元提高到 25.1 万亿美元。摩根大通：2018 年经济增长 6.5%，比 2017年略低一点。明年经济下行主要来自三个领域，第一是基建投资，第二是房地产投资，第三是汽车消费。明年政策利率可能还是不会发生变化，实际预测 2018 年信贷政策比 2017 年下降大概两个百分点左右。

梅隆银行：中国经济将呈现一个健康的发展趋势。一个不那么信贷密集型的增长模式将使中国有更好机会来维持外汇供求。

穆迪：将中国 2018 年 GDP 增速预期从 6.3% 上调至 6.4%。预计未来中国政府更加重视经济增长的质量，更加强调降低经济增长对于环境的负面影响，更加着力降低金融体系的脆弱性。

渣打：随着当前经济增长动力企稳，中国解决深层次结构挑战的时机更为成熟，预计未来将会深入推进国企改革、金融和财税改革。

汇丰：预计2018年中国政府将把经济工作重点集中在削减过剩产能、控制杠杆、打击影子银行和房地产泡沫以及强化地方政府预算管理层面。这些举措都将有助于中国经济长期发展。

高盛：在中国经济再平衡进程中，预计中国企业盈利能力在2018年继续保持双位数增速。同时，相对其他MSCI新兴市场国家而言，中国国内股市估值并不高，因而具有较高的投资价值。

野村中国：在今后几年美联储"缩表"过程中，中国上市企业抗压能力或好于其他国家的企业。中国消费结构正在升级，因此该机构看好A股市场的白马股。

国际资产管理公司荷宝：目前A股估值处于合理水平，看好2018年A股市场的表现，中国经济会成功转型至消费及服务业导向，基础设施投资及"一带一路"倡议将刺激需求，供给侧改革及国企改革则将进一步推动行业整固，而全球经济同步增长也将提振中国进出口业的表现。

瑞银财富管理：中国研发支出有望在2018年超越美国。看好的行业则包括消费、医疗、教育、旅游、软件和金融科技等。

四、国内金融机构策略展望

【方正证券2018投资策略会：经济新周期带来投资机会】

中国经济正站在新周期的起点上，世界经济正在复苏，供给侧改革正在积极推进，消费升级、先进制造、环保、对外开放、新兴产业等领域为投资者带来了大量的投资机会，同时金融监管加强、货币政策回归中性也要求投资者更加规范稳健。2018 年社会主要矛盾从高速增长阶段转向高质量发展阶段，看多 A 股市场。在需求端，中国经济将步入消费经济新时代。消费升级将为中国缔造类似亚马逊、丰田、大众、雀巢、沃尔玛、可口可乐、辉瑞等超级公司。在供给端，科技创新将提升企业盈利能力，加速制造业升级，重点关注光学光电包括半导体芯片、集成液晶面板及材料等、5G、北斗系统、新能源汽车，另外一些领域如医药、航天航空器、武器装备等仍属于中长期目标。

【申万宏源 2018 配置策略：拥抱高增长，关注新兴市场资产】

2018 年全球通胀与利率回升可能加速，需要拥抱高增长资产以跑赢通胀与利率回升压力，同时加大风险对冲。通胀温和回升前提下，权益＞大宗＞债券；结合增长与估值：新兴市场（港股、A 股）＞日本＞美国＞欧洲。从战略资产配置层面看，全球改革与刺激进一步深入概率提升、经济复苏仍有韧性的背景下，权益类资产大方向上仍好于债券类资产。考虑到 2018 年通胀潜在压力回升、全球流动性收紧边际提速，资产波动性或将提升，建议进一步聚焦盈利能力强、估值相对合理的高增长资产，对于前期估值过高的部分风险资产予以一定再平衡或加强风险对冲。当前全球债券期限结构相对平坦，对潜在增长与通胀风险反映不足，相对谨慎。权益类资产方面，选股的重要性进一步提升，Alpha 机会或多于 Beta 机会，核心关注全球（特别是中美）消费、科技与制造业龙头。大宗商品方面重点关注原油产业链。风险对冲角度关注：（1）发达市场通胀保值债券（抗通胀）；（2）中国利率债（与权益类资产相关性转负、配置价值与风险对冲价值提升）；（3）美元（受益于美国政治周期预期低位回升，同时有避险属性，价格偏低）。

【国金证券 2018 年 A 股策略：指数先抑后扬，整体趋势向好】

全年大类资产配置中，权益类资产仍然是值得重点配置的资产。2018 年通胀前"高"后"低"，流动性由"中性偏紧"逐步转为"边际宽松"，企业盈利体现在结构性增长，整体社会发展与改革的方向感会更加明确，总体来讲，2018 年是一个"机"大于"危"的年份。节奏上，指数先"抑"后"扬"。当前时点至 2018 年一季度末/二季度初，我们需提防 3 点风险。（1）宏观方面，PPI 开始向下，通胀在一季度末、二季度处于全年高点，相应的流动性仍处紧平衡；（2）2017 年机构获利不菲，股票型基金、偏股型基金整体收益率分别高达 20%、18% 左右；且当前"公募、私募"仓位过高，处于历史的高位；（3）国内入市资金杠杆率过快增长，政策监管几无放松可能。相对来讲，我们更为看好 2018 年下半年，A 股将迎来更为确定性的投资窗口期。经济下行压力使得政策边际上有所转向，制约上述风险偏好的因素将得到缓解，改革浪潮提振市场信心。

市场风格的延续具有一定的惯性，但需提防 2018 年下半年市场风格生变。2017 年公募机构大幅跑赢市场基准，跑赢基准约 9.4 个百分点（截至 11 月 10 日）。单一的我们从"取得超额收益幅度"的角度，2017 年类比于 2010、2013、2015 年。另外，我们发现 2011、2014、2016 年，公募机构均跑输市场基准。这表明公募跑赢市场基准后的第二年，其市场风格与当前的机构主流配置会存在差异性。具体到行业配置：半年为分水岭。2018年，特别是在上半年，规避资源类周期板块。与房地产链相关的大多强周期行业，尤其是中上游行业，其盈利景气度将有明显回落。资金会从资源类周期板块中流出，相应的流到部分"TMT、消费"等板块；下半年，适度转向受益了"货币边际放松"的板块，如："金融、地产、建筑"等。主题投资方面，主推两个领域"美丽中国、区域规划"等。

【中信证券2018年A股策略：泡沫大迁移2.0，复兴牛】

（1）微观机构行为上，基金产品募集规模"历史性"地与过往表现高度挂钩，增量资金对价值龙头有先天偏好。中观趋势上，从"强者恒强"到"强者更强"，龙头增速跑赢行业越来越普遍：2017年前三季CR3主营业务收入和盈利占比提升的中信二级行业个数明显提升，达到39和38个，而2016年这两个数值都只有24。国际比较上，我们筛选的国内龙头样本未来两年预期盈利复合增速均值是18.7%，而对标的国际龙头样本只有9.7%，而且前者普遍还有更高的ROE。大部分国内龙头相比其国内同业和全球对标者，都能以更快的速度消化估值。

（2）本质上，龙头整体的天花板由其所处经济体总量决定，中国龙头在国内像是价值股，但在国际资金眼中是越来越可靠的成长股。随着中国经济总量稳步、健康且较快抬升，并最终实现超越，龙头领涨A股的"复兴牛"至少还能贯穿2018年全年。

淡化行业与风格，优选跑道。长期的估值整固后，大部分行业远期PEG都在0.8～1.2之间，搜寻"高性价比"行业非常困难；

大小市值风格分化也不明显。相对行业和风格轮动，我们认为2018年A股轮动更多体现在各线龙头之间，节奏上一线龙头领涨，二、三线龙头跟涨会交替出现；其他非龙头公司的相对表现要弱一些。且制度压制下，小票依然难有系统性机会。建议结合长期空间和短期催化，优选跑道，以产业链和主题的角度切入，具体关注国企改革、"一带一路"、新零售、5G 等主线。

【国泰君安年度策略展望：2018 年大类资产怎么配？】

消费升级 + 通胀预期下，消费行情可期，重点推荐食品饮料、家电、商贸零售、纺织服装。系统性风险改善，盈利向好，看好金融板块中的银行。三年决胜期，把握新工业革命三层级盛宴，主题方面四条主线：（1）保总量、补短板，重点推荐轨交、环保设备、高铁、核电板块；（2）制造业中的 TMT，重点推荐产业转移、5G、芯片国产化、新能源车、苹果产业链；（3）产业转移，重点推荐受益于"市场规模扩张 + 抢占国际份额"双重红利的传统机械相关版块；（4）要素重组，重点推荐一带一路、军民融合、国企改革、住房租赁。

【招商策略 A 股 2018 年投资展望：金融打底仓，配置三主线】

股票市场资金面展望——四大资金有望持续入市。银行资金：明年银行资产端压力可能会逐步显现（融资需求、利率），发行权益类理财产品即进行股权投资的需求相对更大。居民资金：目前房价呈现趋稳的状态，投资价值降低，居民资金入市意愿有望抬升。保险保障类资金：绝对规模稳定扩大，带来增量资金。海外资金：纳入 MSCI（被动 & 主动资金）。

　　市场投资主线研判——1. 政策定调：根据十九大报告精神，我们认为明年中高端、科技创新和绿色低碳产业将会成为行业主线。2. 前期表现：过去两年弱势的板块（TMT、非白酒家电类消费、中游制造）出现强势板块的概率相对较高。3. 机构行为：公募、陆股通等机构低配的行业存在配置回升的机会。4. 估值业绩匹配：尽可能选择估值业绩匹配度较好的板块。5. 积极关注雄安新区和粤港澳大湾区新时代特色两大板块的崛起，可持续战略板块，必有持续飞天之时。总体而言，明年的配置思路就是——金融打底仓，配置三主线［创新引领（5G& 物联网、人工智能、机器人及智能制造、生物医药、新材料、AR&VR、半导体、航天军工）、中高端消费、绿色低碳］。

　　启示与感悟：

　　2018 即将过去，2019 向我们走来。展望未来，股市一年，既短又长，我们更应注重阶段性特色。周期性操作才是真谛。2015 年的5178，是相对顶部，2016、2017、2018，正在筑就周期性大底。即使是调整市道，也不乏赚钱个股，贵在不把握波段操作节奏，盘整市，不要预期收益过高，获利回吐，落袋为安，不断降低持股成本，扩大持筹比重，志存高远，看长做短，长短结合，才是正道。本人坚信，中国经济整体综合优势日渐凸显，特别是两个翻一番和两个一百年的宏伟目标，正在逐步呈现，各种重大世纪工程纷纷开工、建成，经济建设的后发优势正在叠加共振呈现，为此，2018 年，是夯实基础的一年，当仔细分析当前市场金融环境大底特色，基础夯实了，必将力促 2019、2020 及 2021、2022 重大经济社会发展目标的实现。一句话，展望中国股市前景，道路曲折，前途光明，走得稳健，才能走得长远。只要不断得到成长，我们义无反顾，脚踏实地，勇往直前。

参考文献

[1] 严文斌. 我的财富观 [M]. 北京：中国经济出版社，2005.

[2] 张坤. 新财富精神 [M]. 南京：江苏人民出版社，2004.

[3] 亚当·斯密. 国富论 [M]. 朱丹，译. 最新全译本. 北京：时事出版社，2014.

[4] 王阔. 巴菲特的财富人生 [M]. 北京：中国文史出版社，2015.

[5] 孟祥年. 外贸单证实务 [M]. 北京：对外经济贸易大学出版社，2015.

[6] 郭国庆. 国际营销学 [M]. 北京：中国人民大学出版社，2012.

[7] 王晓光. 国际金融（第三版）[M]. 北京：清华大学出版社，2018.

[8] 杨小舟. 国际商务跟单理论与实务 [M]. 济南：山东电子音像出版社，2005.

［9］苏宗祥，景乃权，张林森. 国际结算［M］. 北京：中国金融出版社，2015

［10］孙可娜. 证券投资理论与实务（第二版）［M］. 北京：高等教育出版社，2013.

［1］王虹，耿伟. 外贸英语函电［M］. 北京：清华大学出版社，2018.

［12］李朝民. 国际商务谈判［M］. 北京：立信会计出版社，2015.

［13］国际结算［M］. 北京：清华大学出版社，2018.

［14］施谱越. 乔布斯传［M］. 北京：中国书店，2011.

［15］赵文明. 滚雪球的启示——巴菲特最经典的投资理念和方法［M］. 北京：中国商业出版社，2010.

［16］伍心铭. 卡耐基成功法则全书［M］. 北京：光明日报出版社，2002.

［17］周思渊. 白话道德经［M］. 广州：花城出版社，1992.

［18］董鹏飞. 财富论［M］. 北京；中国财政经济出版社，2011.

［19］杨耕. 马克思主义政治经济学基础理论研究［M］. 北京：北京师范大学出版社，2017.

［20］憨氏. 一生的财富书［M］. 呼和浩特：内蒙古文化出版社，2004.

［21］韩小蕊，樊鹏. 跨境电子商务［M］. 北京：机械工业出版社，2018.

［22］宋光辉. 财富第三波［M］. 北京：机械工业出版社，2015.

［23］蔡平，吴永佩. 财富的真相［M］. 北京：清华大学出版社，2013.

［24］刘汉太. 超级财富解码［M］. 北京；中国铁道出版社，2008.

［25］习近平. 习近平治国理政［M］. 北京：外文出版社，2014.